Das geistliche Gespräch im Pfarrgemeinderat

Pfarrei heute

Verlag Friedrich Pustet Regensburg

Josef Meier

Das geistliche Gespräch im Pfarrgemeinderat

Methodische Anleitungen
Praktische Beispiele

Verlag Friedrich Pustet Regensburg

CIP-Kurztitelaufnahme der Deutschen Bibliothek
Meier, Josef
Das geistliche Gespräch im Pfarrgemeinderat:
method. Anleitungen, prakt. Beispiele. — 1. Aufl. —
Regensburg: Pustet, 1976.
(Pfarrei heute)
ISBN 3-7917-0461-3

ISBN 3-7917-0330-7 (Gesamtreihe)
ISBN 3-7917-0461-3
© Copyright 1976 by Friedrich Pustet, Regensburg
Gesamtherstellung: Hieronymus Mühlberger KG, Augsburg
Umschlag: Peter M. Loeffler, Regensburg
Printed in Germany 1976

Inhalt

A Das geistliche Gespräch im PGR 7

I. Sinn und Ziel 7
  1. Information 8
  2. Motivation der PGR-Arbeit 10
  3. Anregung zu persönlicher Besinnung 10
  4. Erkenntnis, um eigentlich christlich zu handeln . . 11

II. Möglichkeiten geistlicher Besinnung im PGR 12
  1. Als Tagesordnungspunkt in der Sitzung 12
  2. Außerhalb von Sitzungen 13

B Methodische Erläuterungen – Praktische Beispiele . . . 15

I. Die Bibel als Gesprächsgrundlage 15
  1. Das allgemein übliche Schriftgespräch 15
  2. Einzelne Sätze der Bibel: inhaltsschwer und wegweisend 22
  3. Der oft gehörte Bibeltext genauer betrachtet . . . 27
  4. Die Ideale der Bibel und die Wirklichkeit 34
  5. Die Menschen in der Heiligen Schrift: Ansporn – Trost – Vorbild 40
  6. Situationen und Probleme unserer Zeit – die Antwort in der Heiligen Schrift 47
  7. Bibeltexte im Vergleich 48
  8. Die Spontanmethode 57
  9. Das Rollengespräch 58
  10. Ein Bibelquiz 60

II. Der aktuelle und religiöse Text als Gesprächsgrundlage 62
  1. Konzilstext 63
  2. Synodentext 64
  3. Hirtenworttext 66
  4. Wortbetrachtung 67

III. Das Gebet im PGR – Praktische Beispiele 70
  1. Um den rechten Geist 71

2. Für die Gemeinde 72
3. Dankgebet 73
4. Um Einsicht 73
5. Um Mut und Kraft 74
6. Lob und Dank unserem Gott 75
7. Um den Heiligen Geist 76

A Das geistliche Gespräch im Pfarrgemeinderat (PGR)

I. Sinn und Ziel

Bei der Betrachtung von Anleitungen zu PGR-Sitzungen, welche die einzelnen Bistümer in der Bundesrepublik für ihre Räte erstellten, fällt auf, daß als erster Tagesordnungspunkt meist das geistliche Gespräch oder eine Schriftlesung empfohlen wird. Die Praxis der PGR-Arbeit zeigt aber, daß diese Anregung allmählich in Vergessenheit gerät.

Immer mehr PGR schenken sich diesen Punkt oder lassen ihn, wie sie sagen, aus Zeitmangel unter den Tisch fallen. Sicher ist, daß hier nicht willkürlich oder absichtlich gehandelt wird, vielmehr offenbart es im gewissen eine Haltung unserer PGR, die mehr dem eigenen Verstand, der eigenen Einfallskunst, den eigenen Ideen, der eigenen Überzeugung frönen, als bereitwillig Aufgaben und Anregungen dem Auftrag Christi, der Heiligen Schrift zu entnehmen. Nichts gegen Verstand und Ideen, sie sind vorrangig in der PGR-Arbeit, aber immer unter dem Aspekt »der Erfüllung der Heilssendung der Kirche« und wie es weiter in der Einleitung zur PGR-Satzung der meisten Diözesen heißt, »durch selbstlosen Dienst die heilsvermittelnde Wirksamkeit der ganzen Kirche inmitten der Welt voll zu entfalten«. Ausgangspunkt jeder Rede vom Heil und jeder Heilssendung ist aber das Wort der Bibel und aller Schriften, die darauf aufbauen.

Nun sagen viele Laien, z. B. über ein Bibelgespräch, das könnten sie nicht, sie würden den Inhalt nicht verstehen und zeigen deshalb wenig Interesse dafür. Oftmals umschreibt diese Aussage jedoch nur eine gewisse Interesselosigkeit, Abständigkeit und Gleichgültigkeit. Für diejenigen allerdings, welche ehrlichen Herzens so sprechen, wird es höchste Zeit, sich mit religiösen Texten ernsthaft auseinanderzusetzen und die Art des Umgangs mit der Bibel zu erlernen. Ohne notwendiges Handwerkszeug wird jede Arbeit zur Qual.

Diese Schrift möchte nun in einfacher Weise darlegen, wie ein geistliches Gespräch in Laiengruppen, vor allem im PGR, zustande kommen kann. Besonders soll gezeigt werden, daß Bibel und theologische Literatur nicht für Privilegierte geschrieben sind, sondern durchaus einen verständlichen Lesestoff für alle darstellen.

Einen Hinweis, wie wichtig die geistliche Information ist, geben verschiedene Aussagen des II. Vatikanischen Konzils. Beispielhaft seien hier zwei Stellen zitiert:

»Von den Priestern aber dürfen die Laien Licht und geistliche Kraft erwarten. Sie mögen aber nicht meinen, daß ihre Hirten immer in dem Grade fachkundig seien, daß diese in jeder zuweilen auch schweren Frage, die gerade auftaucht, eine konkrete Lösung in Bereitschaft haben könnten oder die Sendung dazu hätten. Sie selbst sollen vielmehr im Licht christlicher Weisheit und stets orientiert an der kirchlichen Lehre die ihnen eigenen Aufgaben angehen.«

(Aus der Pastoralkonstitution über »Die Kirche in der Welt von heute« Nr. 43)

»Die Laien aber müssen diesen Aufgaben der zeitlichen Ordnung als die gerade ihnen zukommende Aufgabe auf sich nehmen und dabei, vom Licht des Evangeliums und vom Geiste der Kirche geleitet und von christlicher Liebe gedrängt, unmittelbar und entschieden handeln.«

(Aus dem »Dekret über das Apostolat der Laien« Nr. 7)

Nachdem jetzt die Notwendigkeit des geistlichen Gesprächs kurz aufgezeigt wurde, sollen die folgenden Punkte Sinn und Ziel erschließen.

1. Information

Die PGR-Arbeit könnte man ganz allgemein mit Verkündigung umschreiben und zwar einerseits im innerkirchlichen

Raum, also in der Rolle eines Pastoralrates, und andererseits im weltlichen Bereich als Auftrag des Laienapostolats. Zu beiden Aufgaben benötigt man Informationen, bedarf man vieler Orientierungspunkte. Die grundlegenden Kenntnisse dazu vermitteln sicherlich die Heilige Schrift und die auf ihr aufbauenden Texte der Kirche. Zwar finden sich hier nicht ausgesprochene Modelle und Anregungen für die PGR-Arbeit, aber die Basis und die Ideen. Wenn der PGR Stellungnahmen zu Problemen in der Kirche und in der Gesellschaft abgibt, kann er eben nicht nach freiem Ermessen urteilen, sondern hat zu fragen, was sagt Jesus, die Heilige Schrift, die Kirche dazu. Nicht das Gefühl oder das Gewissen allein helfen hier, sondern nur das Wissen um den Auftrag und das Beispiel Jesu. Ähnlich erfordern verschiedene Themen im PGR, etwa auf dem Gebiet der Liturgie, der Sakramente, des sozialen Bereichs grundlegende biblische Kenntnisse. Jedes Engagement nach innen und nach außen verlangt den Rückblick auf den Existenzgrund der Kirche. So schreibt z. B. Hans Küng: »Die gegenwärtige Welt ist der Ort, die gegenwärtige Stunde die Zeit, da sie (= Kirche) ihre Sendung zu erfüllen hat. Und insofern wird sie im Hinblick auf die je neue Weltstunde um ein stets neues Aggiornamento in Theorie und Praxis nicht herumkommen. Aber dieses Aggiornamento wird zu einer modischen Anpasserei, wird zu einem ziellosen Treiben auf hoher See nach wechselndem Wind, wenn es nicht verankert ist im Ursprung, wenn es nicht gesteuert ist vom Evangelium Jesu Christi selbst, in welchem die Kirche ihren Existenzgrund hat«.

(Hans Küng, »Was ist Kirche?« Freiburg 1967)

Daneben ist zu sehen, daß die Bibel nicht zuvorderst der persönlichen Erbauung dienen soll, sondern primär das Buch der Gemeinde ist und aus ihr auch entstand. Deshalb ist gerade die Information daraus für den PGR lebensnotwendig, da er nicht für sich selbst allein, sondern für die Gemeinde da ist.

2. Motivation der PGR-Arbeit

Die Mitarbeit in einem Gremium, dessen äußerer Erfolg spärlich gesät ist, in dem der persönliche Gewinn materieller Art ausbleibt oder in dem Anerkennung und Lob nur selten gespendet werden, bedarf eines besonderen Motivs, damit man sich ganz und gar für die Sache einsetzt. Bei der Suche nach einem dauerhaften und anstachelnden Motiv kann nur die Person und die Botschaft Jesu die Antwort sein. Wer den Grund seines Mittuns allein im persönlichen Ansehen, im Mitsprache- und Beschlußrecht sieht, wird bald kein Motiv mehr zur Mitarbeit haben. Gerade bei der PGR-Arbeit versagen vordergründige, vom Nutzen ausgehende Motive. Hier muß der Grund tiefer liegen und zwar im Vertrauen, in der Hoffnung, im Glauben an den Herrn, oder anders ausgedrückt, daß man einfach gefesselt ist von Jesus Christus. Zu dieser Haltung und Einstellung kann man kommen, wenn man sich immer wieder einläßt auf die Gedanken und Aussagen der Bibel. Das geistliche Gespräch im PGR, die Pflege von echter Spiritualität in dieser Gruppe wird dazu Wesentliches beitragen können.

Außerdem kann bei aller Verschiedenheit im PGR, sei es in Hinsicht auf Alter, Stand, Bildung, Beruf oder Herkunft das gleiche Motiv, unter dem man die Aufgabe angeht, eine solide Basis für die Zusammenarbeit bilden. Darüber hinaus wird dadurch ein Verbindungselement zwischen den Mitgliedern geschaffen und damit das Gefühl und die Voraussetzung für die erforderliche Solidarität im PGR.

3. Anregung zu persönlicher Besinnung

Das geistliche Gespräch ist außer für Motivierung und Zielrichtung der PGR-Tätigkeit sicherlich auch von Bedeutung in Hinblick auf die persönliche christliche Lebensgestaltung. »Der brave Mann denkt an sich selbst zuletzt« heißt ein Sprichwort. Daran wird man öfters erinnert, wenn man erlebt, wie Pfarrgemeinderäte ihren Gemeindemitgliedern Einkehrtage, Familiengebet und Meditation empfehlen, ja verordnen, sich selbst davon aber nicht sehr betroffen fühlen. Gerade im Bereich des Religiösen ist das positive Beispiel, das sichtbare Zeugnis, die überzeugende Ausstrahlungskraft anregender als bloße Empfehlung. Im Grunde bedeutet das, daß sich der PGR selbst zunächst um eine christliche Grundhaltung bemühen muß, und dies könnte z. T. im geistlichen Gespräch geschehen. Andererseits befinden sich die PGR-Mitglieder sowieso auch in der Gefahr, sich durch viele Aktionen, Einsätze und Aktivitäten zu verplanen oder verplant zu werden, und dabei schiebt man allzuleicht das Geistlich-Spirituelle beiseite. Es soll aber doch bei aller Tätigkeit die Möglichkeit der persönlichen Besinnung im PGR gegeben sein; denn miteinander über den Glauben oder über Glaubensschwierigkeiten zu sprechen, kann die Mitglieder im Glauben bestärken und weiterführen, ja sogar immer wieder neuen Mut, Begeisterung und Hoffnung für den Einsatz in der Gemeinde wecken.

4. Erkenntnis, um eigentlich christlich zu handeln

Für einen aufgeschlossenen und aktiven PGR ist es meist kein Problem, Aufgaben und Besprechungspunkte zu finden. Aber allzuleicht beschäftigt man sich mit Nebensächlichem, Äußerlichkeiten oder Randfragen und nicht so sehr mit dem Programm Jesu, weil man dies oft nur aus spärlichen Hinweisen in Predigten und Glaubensseminaren kennt. Es müßte aber doch einem PGR darum gehen, in die eigentlichen Forderungen der christlichen Botschaft vorzudringen, um zu erkennen, was christliches Handeln eigentlich heißt.

Der Gemeinderat z. B. hat seine Richtlinien, Gesetze und Verordnungen. Sie gilt es auszuschöpfen, zu nützen und anzuwenden. Auch der PGR braucht nicht allein aus den eigenen Ideen zu leben, sondern hat letztlich seinen Brunnen, aus dem er schöpfen kann, in den vielfältigen Aussagen und Dokumenten der Kirche, vor allem in der Heiligen Schrift. Sie kennenzulernen ist eines der Ziele des geistlichen Gesprächs.

Mancher PGR wird dann wohl spüren, daß er bisher an der Oberfläche hängengeblieben ist und die eigentlichen tiefen und herausragenden Merkmale seines christlichen Auftrags nur selten bedacht hat.

II. Möglichkeiten geistlicher Besinnung im PGR

1. Als Tagesordnungspunkt in der Sitzung

Dieser Tagesordnungspunkt muß nicht immer nach dem gleichen Schema ablaufen. Abwechslung in Form und Inhalt halten vielmehr das Interesse wach und geben mehr Mitgliedern, je nach ihren Fähigkeiten, die Möglichkeit, diesen Punkt gestalten zu können. Man kann nun variieren in der Methode und im Inhalt.

- Methode:
  - Abwechslung in der Vorbereitung: Zu jeder Sitzung bereitet ein anderes Mitglied den Tagesordnungspunkt »Geistliche Besinnung« vor. Dabei kann jeweils in der Versammlung vorher schon das Thema festgelegt werden. In der schriftlichen Einladung zur Sitzung wird der genaue Text aufgeführt..
  - Gespräch in Gruppen: Den Vorteil einer Aufteilung in Gruppen soll man auch beim geistlichen Gespräch wahrnehmen. Dies ist besonders dort wichtig, wo der PGR aus vielen Mitgliedern besteht. Im kleinen Kreis ist die Intensität des Gesprächs meist größer.
  - Verwendung von Bildern und Skizzen: Manche Texte kann man gut durch visuelle Mittel ergänzen und erläutern. Z. B. werden Paulusbriefe an Hand von Landkarten, Reiserouten lebendiger. Zu einigen religiösen Texten gibt es sogar Bilderreihen.
  - Einsatz technischer Geräte: Oft ist es von Vorteil, den Verlauf eines Gesprächs in Stichworten festzuhalten.

Dies kann mit Hilfe einer Tafel oder eines Tageslicht-schreibers geschehen. Auch zur Darlegung einer Schriftstelle ist manchmal der angeschriebene Text wichtig. Für begleitende Musik, vor allem bei Meditationstexten, braucht man einen Plattenspieler oder ein Tonbandgerät.

— Geistliches Gespräch vor einem wichtigen Besprechungspunkt: Hin und wieder erscheint es günstig, die Schriftlesung oder die geistlichen Gedanken nicht an den Anfang der Sitzung zu stellen, sondern sie als Einstieg zu einem besonderen Punkt in der Tagesordnung zu verwenden.

• Inhalt:
  — Texte aus dem Alten Testament und Neuen Testament
  — Konzilstexte / Synodentexte
  — Auszüge aus religiösen Büchern
  — Päpstliche Verlautbarungen
  — Hirtenbriefe
  — Zeitungsberichte zu kirchlichen Themen
  — Bildmeditation
  — Gebet
  — Predigtgedanken
  — Glaubenslehren (z. B. Bedeutung der Sakramente für den Glauben, Dogmeninhalte)

2. Außerhalb von Sitzungen

Normalerweise wird das geistliche Gespräch seinen Platz in der Sitzung haben. Aber von Zeit zu Zeit könnte es notwendig sein, auch außerhalb von Sitzungen zu diesem Thema zusammenzukommen, wo Ruhe und mehr Zeit ein tieferes Eindringen in geistliche Texte und Formen ermöglichen.

Folgende Möglichkeiten bieten sich hier an:

— Zusammenkunft an einem Abend ausschließlich zum Thema »Geistliches Gespräch«.

— An einem Samstag oder Sonntag einen Besinnungstag abhalten.

— Ein Besinnungswochenende in einem Bildungshaus oder einem Kloster verbringen.

— Einen Ausflug mit einer Wallfahrt verbinden.

Die Erfahrungen solcher Veranstaltungen zeigen immer wieder, daß die Arbeitsatmosphäre im PGR positiv beeinflußt wird, Gemeinschaftsbewußtsein entsteht, das gegenseitige Verständnis steigt und Mut und neue Energien bei den Mitgliedern geweckt werden. Manche spüren hier erst, was christliches Engagement eigentlich heißt und daß PGR-Arbeit nur aus echtem Glaubensbewußtsein erwachsen kann.

B Methodische Erläuterungen — Praktische Beispiele

I. Die Bibel als Gesprächsgrundlage

1. Das allgemein übliche Schriftgespräch

Folgende Form des Schriftgesprächs wird in den meisten Fällen — fast unbewußt — in mehreren Varianten praktiziert: Jemand liest den Text vor, erläutert den Inhalt und zieht Konsequenzen für das christliche Verhalten.

Damit jedoch diese Art dennoch etwas durchsichtiger wird und auch durch nicht theologisch Vorgebildete vorbereitet werden kann, soll eine schematische Gliederung hier geboten werden:

Methode zur Deutung eines Bibeltextes:

1. Den Bericht der Bibel lesen, aufmerksam und mehrmals lesen; versuchen, den Text mit freien Worten wiederzugeben. Der Bericht muß so klar werden, daß er einem vor Augen steht, daß man sich ein Bild davon machen kann.

2. Geschichtlichen Hintergrund klären (Sitten und Bräuche des Orients spielen eine Rolle, ebenso die damalige Auffassung von Gesellschaft, Recht, Sittlichkeit und Religion.)

3. Folgende Fragen klären:

   a) Wie wird die Gestalt Jesu geschildert?

   b) Welche Forderungen stecken in diesem Bericht?

   c) Welche Forderungen gehen über die normalen ethischen Werte hinaus? (Was ist typisch christlich?)

   d) Was wird über die Beziehung Mensch—Gott ausgesagt?

   e) Welche Konsequenzen sind aus dem Bericht für das christliche Handeln und Verhalten zu ziehen?

f) Praktische Dinge nennen (positive und negative aus dem kirchlichen und alltäglichen Leben), die in enger Verbindung zu diesem Bericht stehen.

g) Wie muß auf Grund dieses Textes unsere Beziehung zum Christentum und zu Gott ausschauen?

4. Einen Kernsatz = Merksatz aus dem Bericht als Hilfe für unser persönliches Leben herausarbeiten.

Normalerweise wird ein Pfarrgemeinderatsmitglied eine Textstelle in dieser Art vorbereiten und im Pfarrgemeinderat darlegen. Ein anschließendes Gespräch darüber kann den Inhalt vertiefen. Manchmal wird man vom Text oder von der zur Verfügung stehenden Zeit her nicht alle diese Fragen lösen können. Dann muß man eben auswählen oder eine Textstelle auf mehrere Abende verteilen. Es ist auch möglich, daß verschiedene Personen jeweils einzelne Punkte vorbereiten. So wird sicherlich das Gespräch lebendiger und vor allem die persönliche Betroffenheit größer.

a) 1 Kor 1, 18—31

Was wäre das Neue Testament ohne die Briefe des Apostel Paulus und, besonders im Hinblick auf unsere christlichen Gemeinden, ohne die Briefe an die Korinther! Eine Welle von Lebensnähe, von menschlichen Problemen, von Auseinandersetzungen, von Fragen, Zweifeln, aber auch von Glaubenserkenntnissen schlägt uns entgegen, wie sie auch heute noch — in etwas abgewandelter Form — bei den Christen in den Pfarrgemeinden zu spüren ist.

Deshalb kann gerade ein Pfarrgemeinderat, der sich mit dem Leben einer Gemeinde auseinandersetzen muß, von diesen Briefen lernen.

Korinth war zur damaligen Zeit eine blühende Großstadt mit einem bedeutenden Hafen und Schnittpunkt der damals vorherrschenden Kulturen und Geistesrichtungen. Auf engstem Raum prallten hier Römer-, Griechen- und Judentum aufeinander, war Platz für viele Meinungen, Ideen und Neuerungen. Mitten in diesem geistigen Gewühl gründete Paulus eine lebendige Christengemeinde. Es konnte jedoch nicht ausbleiben, daß es gerade aufgrund der Herkunft dieser Christen und der Umwelt, die sie stark beeinflußte, zu Spannungen und Meinungsverschiedenheiten kam. So wird gerade in dieser Textstelle geschildert, daß sich verschiedene Gruppen und Parteien bildeten, die sich jeweils in ihren Glaubensaussagen auf eine bestimmte Person beriefen und die Gott und die Lehre Christi verschieden interpretierten.

Paulus merkte sehr schnell, wo hier das Grundübel lag, nämlich sowohl im falsch verstandenen Verhältnis zwischen Mensch und Gott als auch in der Tatsache, daß eine Lehre vom Kreuz, vom Leid für viele unverständlich und paradox war. Die Griechen beriefen sich auf ihre menschliche Weisheit und die Juden auf ihr Gesetz; beide glaubten, damit Gott erfassen, ja zwingen zu können, und in diesem Denken hatte das Kreuz keinen Platz, erschien es den einen töricht, den anderen ärgerlich.

Dieses Verständnis zerstörte nun Paulus radikal. Die Korinther müssen diese Worte hart getroffen haben, bildeten sie sich doch soviel auf ihre Weisheit und Bildung ein. Paulus stellt ihnen und uns einen Gott dar, der nicht in ein menschliches Denkschema zu pressen ist, der nicht reagiert, wie es die Menschen wollen, der sich nicht besehen und einfangen läßt. Gott ist eben anders, damit müssen die Christen rechnen. Paulus bekräftigt das, indem er sagt: »Denn das Törichte (z. B. das Kreuz), das von Gott kommt, ist weiser als die Menschen, und das Schwache, das von Gott kommt, ist stärker als die Menschen« (Vers 25). Die Schuld des Menschen ist es, sich über Gott zu setzen oder sich ihm gleichzustellen.

Diese Paulusbelehrung hat sicherlich auch Konsequenzen für das christliche Verhalten in den heutigen Gemeinden, wo nicht selten eine Zersplitterung zu beobachten ist, wo eigenes Können die Einbeziehung Gottes verschwinden läßt, wo das Kreuz (= Leid, Mißerfolg, Schwierigkeiten, Spott, Nachteile) tunlichst vermieden und ihm ausgewichen wird.

Das bedeutet nun ganz konkret für unser Tun, auch für die Arbeit im PGR, daß menschliches Wissen und Streben allein nicht genügt, daß die Hilfe und der Segen Gottes vertrauensvoll miteinbezogen werden müssen, daß die Angriffe und die Lächerlichkeit, denen ein PGR manchmal ausgesetzt ist, im Kreuz einen Sinn bekommen.

Auch Demut, Zurückhaltung, Bescheidenheit sind bei allem Einfluß, bei aller Bildung und bei aller Erkenntnis gefordert. Allerdings ist nach Paulus nicht der Gescheite in seiner Beziehung zu Gott gefährdet, sondern der, welcher mit natürlichen Machtmitteln und kluger Berechnung auszukommen versucht, ohne mit Gott, seinem Schöpfer und dessen Wirken zu rechnen. Gott ist sicherlich nicht mit den Faulen und Bequemen, aber auch nicht mit den Selbstgerechten und Selbstzufriedenen. Was läge näher für einen PGR, als dies in den Sitzungen sich immer wieder vor Augen zu führen.

b) Mk 4, 35—41 Parallelstellen: Mt 8, 23—27; Lk 8, 22—25

Zunächst muß man sich von dieser Stelle ein Bild machen. Wir alle waren sicher schon an einem See und können uns die Szenerie vorstellen: Ein Schiff mitten auf dem See, plötzlich aufkommender Sturm — gerade der plötzlich einsetzende Fallwind ist ja bis heute auf dem See Genezaret gefürchtet —, hohe Wellen, die gegen das Boot schlagen und es wie eine Nußschale hin- und herwerfen. Dazu kommt das Rauschen des Wassers, das Pfeifen des Windes. Und inmitten des Lärmens und Tosens schläft Jesus. Die Apostel dagegen wecken ihn, voller Angst, sie könnten untergehen. Jesus steht daraufhin auf, gebietet dem Wind und dem Wasser, und es wird ganz still; es kehrt Ruhe ein.

Fern aller Angst und Gefahr, sozusagen als Analyse des Vorhergegangenen folgt nun die Absicht des Erzählers: Er läßt Jesus fragen nach dem Glauben, nach dem Kleinmut des einzelnen. Und diese Frage löst nun bei den Aposteln Furcht aus. Die Frage ist auch an uns gestellt. Die Furcht kann aber überwunden werden mit der ehrlichen und wahren Beantwortung der Frage der Jünger: »Wer ist der?«

Die zunächst nun so anschauliche Geschichte, die sich durchaus ereignen kann, soll aber vielmehr ein Gleichnis sein, mit dem der Evangelist — Markus schreibt sein Evangelium hauptsächlich für die Heidenchristen, auch das ist wichtig zu wissen — gewisse Absichten verbindet. Gleichnis heißt im Neuen Testament, daß mit Ausdrücken, Zeichen, Symbolen, die den Menschen geläufig und vertraut sind, etwas über Gott, Christus, Reich Gottes ausgesagt wird, damit es die Leute verstehen und erfassen können.

In dieser Erzählung soll die Frage nach dem Glauben dargelegt werden, der Vertrauen auf Gott und nicht Kleinmut beinhalten soll. An verschiedenen Gegensätzen wird das klargemacht. Hier Jesus, der friedlich schläft, dort die verängstigten Apostel. Hier das aufschäumende und bedrohliche Wasser, dort die Stille und die eingekehrte Ruhe. Im übertragenen Sinn soll das heißen: Hier der Mensch, angefochten in seinem Glauben und voller Zweifel (= Sturm und Wasser), dort Gott, auf den man allein vertrauen kann, wofür der ruhige Schlaf Zeichen ist. Die vorwurfsvolle Frage der Jünger an Jesus will sicher etwas von der Not des Beters spüren lassen, der an Gottes Schweigen verzweifelt. Die Absicht des Markus ist es also, den Glauben an Gott gegenüber dem Kleinmut der Menschen sichtbar zu machen; denn gerade echter Glaube zweifelt nicht, solange Gott anwesend ist, an seinem Sieg über die feindlichen Mächte, wie es bei den Aposteln geschehen ist. Glauben heißt aber dann, mit Gott und seiner Macht rechnen, auf seine unsichtbare, schweigende Gegenwart vertrauen.

Noch etwas wird aber am Schluß ausgesagt, wo von der Furcht der Jünger nach der Rettung gesprochen wird. Wenn der Glaube fehlt, wird jedes Eintreten Gottes in unser Leben mit Furcht verbunden sein, mit Furcht vor der Gegenwart Gottes, mit der wir nicht gerechnet und von der wir uns nicht haben ergreifen lassen. Auch wir fragen dann vielleicht »Wer ist das?« weil wir bisher glaubten, ohne ihn auskommen zu können. Die Gottesbotschaft an uns wird also heißen: Letztlich siegt Gott über jede Macht, und Vertrauen auf ihn stärkt unsere Hoffnung. Und nur so aufgefaßtes Christsein kann auch das Dunkel der Welt erhellen, kann Leid und Not überwinden, kann Krisen und Unruhe in unserer Kirche beseitigen helfen, kann unserem alltäglichen, mühseligen, manchmal unverständlichen Leben wieder einen Sinn verleihen.

An uns selbst wird dieses Kapitel aber auch diese Fragen stellen:

Wem schenken wir unser Vertrauen? Wie kleinkariert und wunderheischend ist unser Glaube? Haben wir die Frage »Wer ist der?« schon und immer wieder beantwortet oder erschrecken wir, wenn Gott in unser Leben plötzlich auf irgendeine Weise eintritt? Vielleicht könnte der Satz des Petrus »Mein Herr und mein Gott« als Antwort und Leitwort ausgesprochen werden.

c) Mk 4, 1—9

Dieses Gleichnis Jesu auf der Basis des Säens und Erntens ist von seiner Anschaulichkeit her fast zeitlos; denn schon in den Jahrhunderten vor Jesus tauchte dieses Bild immer wieder in der Literatur auf, und auch heute steht dieser Vorgang den Menschen noch sehr nahe, wird als Bild vorstellbar. Trotzdem muß man die damalige Art des Säens bei der Betrachtung miteinbeziehen: In Palästina wurde erst nach dem Säen gepflügt, und so kommt es, daß man den Samen auch »auf den Weg«, »auf das Felsige« und »in die Dornen« streute, eine übrigens für Palästina typische Bodenbeschaffenheit. Das Aufgehen des Samens hängt dann eben großenteils von der darunterliegenden Erdschicht ab, ist also für den Sämann von Anfang an nicht ersichtlich.

Jesus vergleicht nun den Vorgang des Säens und Erntens mit dem Reich Gottes, das mit ihm angebrochen, welches aber mannigfaltigen Hindernissen ausgesetzt ist. Es fällt sogar auf, daß sehr viel Raum dem Mißerfolg gewidmet ist, so als sei der Zustand des Reiches Gottes sehr schwer zu erreichen. Letzteres kann womöglich ein Hinweis darauf sein, daß zur Erlangung des Gottesreiches große Anforderungen gestellt werden, die über allgemein menschliche Maßstäbe hinausreichen, jedoch wird auch gezeigt, daß die Mühen belohnt werden durch überreiche Frucht.

Wenn nun ein PGR dieses Gleichnis für seine Situation in der Gemeinde auswertet, dann wird er sich sehr schnell in der Rolle des Sämanns erkennen mit all dessen Mühen, Mißerfolgen, aber auch mit dessen Erfolg. Bildlich gesprochen streut ja der Pfarrgemeinderat auch Saat aus. Dabei erlebt er aber immer wieder, wie fruchtlos und erfolglos seine Mühen bleiben und wie mager oft die Ernte ausfällt. Wenn man in dieser Situation stehenbleibt oder gar resigniert, hat man die Forderung des Textes nicht verstanden. Jesus will in diesem Gleichnis nicht Angst machen, sondern vielmehr Mut und Trost zusprechen, so paradox das auch klingen mag. Er meint, die Botschaft des Christentums muß mit Widerstand rechnen, nicht jedes Samenkorn bringt Frucht, manches Bemühen bleibt an der Oberfläche hängen, manches kommt erst gar nicht an. Im Pfarrgemeinderat werden viele Versuche unternommen, wird Zeit und Mühe verwendet, um etwa die Zahl der Gottesdienstbesucher zu vergrößern, um Leute in Bildungsabenden zu informieren, um mehr zur Mitarbeit zu bewegen, um ein lebendigeres Gebetsleben zu erreichen. Das Ergebnis ist spärlich, oft deprimierend.

Diese Tatsachen nennt Jesus, empfindet sie als natürlich, verliert kein Wort über eine Schuld derjenigen, die sich ständig bemühen. Ja er meint, manches bringt soviel Frucht, wie man es gar nicht erwartet hätte. Diese reiche Ernte aber, das möchte der Text auch ganz klar ausdrücken, ist nicht Menschenwerk allein, sondern Geschenk Gottes. Vielleicht wird gerade dies zu oft vergessen und mehr dem Satz gehuldigt: »Wie die Saat, so die Ernte.«

Gott bei den Überlegungen, Planungen und Aktionen ins

Spiel zu bringen, auf ihn zu vertrauen, seine Wege zu ergründen suchen, aber auch mit Schwierigkeiten, Mißerfolgen, Unverständlichem zu rechnen, das könnte die Arbeit in einem PGR immer wieder beleben und zu einem jeweils neuen Beginn anspornen. Der Widerstand, der einem immer wieder bei der Sache Jesu und der Kirche entgegenschlägt, ist weniger der eigenen Unfähigkeit zuzuschreiben, sondern vielmehr ein Zeichen dafür, daß Gott bereits am Werk ist.

Für einen PGR sollte deswegen der Gedanke immer wieder bedacht werden: Manches, nicht alles, fällt in gute Erde, geht auf und bringt Frucht und mehrt sich und trägt dreißig, und sechzig- und hundertfach. Dies jeweils statistisch erfassen zu wollen, hieße Gott zu vermenschlichen.

2. Einzelne Sätze der Bibel: inhaltsschwer und wegweisend

Man kennt in den meisten Fällen den Inhalt von Perikopen, von einem Gleichnis, einem Wunder, mit einem Wort gesagt, den Verlauf eines Stückes und seine Bedeutung. Dabei übersieht man manchmal einzelne Sätze und Aussagen, die für sich allein gesehen schon ein ganzes Programm beinhalten oder oft auch als wertvolle Leitbilder und Wegweiser dienen können. Wie das kleine Detail in einem Gemälde richtungsweisend und bezeichnend ist und die Handschrift des Künstlers erkennen läßt, so birgt oft auch ein zunächst unscheinbarer Satz Großes in sich. Manchmal sagen Menschen, daß ihnen gerade dieses Wort oder dieser Satz nicht mehr aus dem Sinn geht, daß sie in ihm die Grundlage für alles andere sehen. Wie die Quelle der Ausgangspunkt für den großen Strom ist, so ist oft auch ein Wort Ursprung eines bedeutenden Textes.

Diese Erkenntnis und Erfahrung sollte man deshalb auch im Umgang mit der Bibel verwenden.

So könnte der PGR des öfteren in seinem Schriftgespräch einen Satz aus einem Evangelium oder aus den Briefen auswählen und darüber sprechen, vielleicht auch nur eine kurze Besinnung halten, wenn ein Mitglied die Worte deutet und für die heutige Situation wirksam macht.

Die nachfolgenden Beispiele sollen diese Art der Schriftlesung näher erläutern.

a) »Wenn du mit Eifer nach Gott suchst und zum Allmächtigen um Gnade flehst, wird er wachen über dich«
(Job 8, 5)

Dieser Satz aus einem Buch des Alten Testaments enthält sehr viel Dynamik und fordert gerade zur Aktion heraus. Gott wird als jemand dargestellt, den man finden und ansprechen kann und der dieses Mühen belohnt. Ein Bild kann einem dazu einfallen: Ein Kind sitzt ruhig auf einer Schaukel und sagt: Lieber Gott, gib mir einen Schubs. Dieses Bild drückt genau das Gegenteil von dem aus, was im Buch Job gemeint ist. Gott ist da, aber man muß sich auf ihn hin aus eigenem Willen zubewegen, man darf nicht warten, bis er auf uns zukommt. Aber sehr oft fehlt der eigene Antrieb, wartet man lieber, bis jemand sagt, was zu tun ist, will man mehr geschoben werden als eigene Initiative zu entwickeln.

Das Angebot des Gottesdienstes ist z. B. in einer Pfarrei da, die Sakramente werden gespendet, Glaubensinformation wird angeboten; jedoch dies alles zu empfangen erfordert das eigene Engagement.

Weiter liegt sicher in diesem Satz auch, daß die Suche nach Gott die ganze Kraft des Menschen in Anspruch nimmt ohne viel wenn und aber, daß es manchmal schwer ist, hinter verschiedenen Situationen das Wachen Gottes zu sehen, etwa hinter dem Schmerz, dem Leid, der Erfolglosigkeit. So wird man einsehen müssen, daß das Suchen nach Gott auch diese Erfahrungen enthalten kann. Die Antwort auf das Flehen zu Gott fällt oft anders aus als man es sich vorstellt, und das Wachen Gottes ist nicht immer ein steriler Deckmantel gegen alle Gefahren und Unannehmlichkeiten. Das sollte dem PGR zu denken geben, wenn er den Willen Gottes in seinem Auftrag für die Menschen und in seinen Ergebnissen entdecken möchte.

b) »Suchet vielmehr zuerst das Reich Gottes und seine Gerechtigkeit, und all das wird euch dazugegeben werden«
(Mt 6, 33)

Worauf richtet der Mensch zuerst seinen Blick: Auf persönliches Wohlergehen, Ansehen, Erfolg, Gewinn und Nützlichkeit. So gesehen kommt einem dieser Satz etwas ungelegen; denn dem Begriff »Reich Gottes«, richtig und ehrlich interpretiert, liegen andere Vorstellungen zugrunde. Hier wird von Umkehr, von Trübsal, Verfolgung, Selbstverleugnung, Kreuz, vom Werden wie die Kinder gesprochen oder von uneigennützigem Almosengeben und Versöhnlichkeit. Nach dem Mammon zu schielen oder sich durchzuschlängeln, nirgends anecken oder auffallen zu wollen steht im Widerspruch zum Reich Gottes.

Für die heutige Situation ist es aber oft typisch, daß man sich zunächst in dieser Welt häuslich einrichtet, sein Streben mehr auf irdische Werte ausrichtet, um dann vielleicht im Alter auch an Gott zu denken. Aus dieser Einstellung kommt es eben, daß unbequeme Forderungen beiseite geschoben, Gesetze nach Nützlichkeit geschneidert, christliche Werte abgebaut werden. Auch im PGR ist man hin und wieder der Meinung, daß man dies und jenes den Leuten nicht zumuten kann, daß man nicht unmodern und rückständig sein darf. So schweigt man auch manchmal zu Vorgängen, Tendenzen und Planungen in der Gemeinde, weil man nicht auffallen und sich nicht lächerlich machen will, obwohl es der Gerechtigkeit im Sinne des Reiches Gottes zuwiderläuft. Der Gedanke an das eigene Wohlbefinden, aber auch das Vertrauen allein auf sich selbst sind Hindernisse auf dem Weg zum Reich Gottes. Allerdings darf dieser Satz auch nicht fälschlicherweise zu einer Vernachlässigung irdischer Pflichten in der Familie oder

im Beruf führen, sondern er soll das Vertrauen auf die Anwesenheit, den Einfluß und die Hilfe Gottes in allen Angele-
genheiten zeigen.

Für einen PGR kann dieser Satz sicherlich auch bedeuten,
Werte richtig einzuschätzen, Aktivitäten in der rechten Reihenfolge zu sehen und dementsprechend zu handeln.

Es heißt nicht *mein* oder *unser* Reich komme, sondern *Dein*
Reich!

c) ». . . und sie fuhren ans andere Ufer, eine Menge blieb zurück« (dieser Satz kommt in den Evangelien des öfteren
   vor)

In den meisten Fällen wird dieser Satz als Reisebeschreibung
aufgefaßt. Jesus fährt eben ein Stück weiter. Theologischen
Gehalt sieht man kaum dahinter. Und doch kann die Situation des Wegfahrens und des Zurückbleibens eine tiefere Bedeutung ausdrücken, etwa Trennung von etwas oder auch
Fortschritt, Weiterentwicklung, Ablegen von Ballast und
Hemmnissen.

Sicherlich soll man nicht willkürlich etwas in Sätze aus dem
Neuen Testament hineinpressen; dennoch kann dieses Bild
zum Nachdenken über die heutige Gemeindesituation anregen.

In den Pfarreien erlebt man doch, daß einige am Ufer stehen
bleiben, andere sich aufmachen und davonfahren, die einen
also konkret im Bestehenden verharren, die anderen sich einlassen auf Neues, auf Änderungen, auf notwendige Reformen. Nun muß man fragen, was ist besser oder was entspricht mehr der Christusnachfolge, ängstlich sich am Ufer
festzuklammern oder auch einmal das Wagnis auf sich zu
nehmen, von Wellen, Wind und Sturm durcheinandergerüt-
telt zu werden. Schon zu Zeiten der Apostel tauchte diese
Frage auf, als es darum ging, die Beschlüsse des ersten Konzils zu verwirklichen. Paulus fuhr davon, Petrus blieb am
Ufer.

Wenn man den Glauben und die christliche Frohbotschaft als etwas Dynamisches betrachtet, also nicht als etwas, das man einmal erworben hat und damit besitzt, dann wird immer wieder der Zwang vorherrschen müssen, dem Stillstand davonzufahren. In der Pfarrei kann es einmal der Pfarrer, können es ein andermal die Laien sein, die den Aufbruch wagen, die also Änderungen und Reformen durchsetzen, die Beschlüsse eines Konzils oder einer Synode mutig anpacken. Wichtig ist bei diesem Unternehmen nur, daß die Verbindung zum Ufer nicht abreißt, d. h. daß man die anderen Menschen in der Pfarrei nicht vor den Kopf stößt oder sie gar als rückständige Gruppe aus dem Bemühen ausschließt.

Wenn die Liturgiereform etwa die Eucharistiefeier einsichtiger und lebendiger werden läßt, dann heißt es eben aufzubrechen und sich auf das Neue, Ungewohnte einzulassen.

d) »Gott ist die Liebe« (1 Joh 4, 16)

Dieser Satz des Johannes ist den meisten Christen geläufig. Aber er gehört auch gerade zu den Aussagen, die oft im Abstrakten, Unübersetzbaren hängenbleiben. Vielleicht dreht man den Satz einmal um und sagt:

Wo Liebe ist, da ist Gott. Der Satz in dieser Form kann das Geheimnis Gottes schon näher bringen. Auf jeden Fall ist damit Gott für die Menschen nicht mehr unerreichbar, sondern der Satz wird zur Aufforderung, den Menschen Gott in der Form der Liebe nahezubringen.

Allerdings muß man sich fragen, was ist hier unter Liebe gemeint, wie kann der Christ diesen Gott (= Liebe) anderen Menschen vorstellen. Dies wird nur dann gelingen, wenn man den Inhalt von Liebe in Tätigkeit und Haltung sichtbar macht, wenn also durch uns die Menschen Erfahrungen machen können, die insgesamt den Begriff Liebe darstellen. Solche Erfahrungen sind etwa Geborgenheit, Vertrauen, Freundschaft, Glück, Zufriedenheit, Trost, Zuversicht, Freude, Frieden, uneigennützige Hilfsbereitschaft. Aus dieser Aufzählung ersieht man, daß Gott durchaus durch den Menschen erfahren werden kann und daß das Streben der Verantwortlichen in einer Pfarrei auf diese Werte ausgerichtet sein muß. Wer immer nur auf Haß, Neid, Verleumdung oder Mißtrauen in seiner Umgebung stößt, wird das Gespür für eine Anwesenheit Gottes nicht bekommen, auch wenn man ihm noch so viel in Worten über diesen Gott erzählt.

Und noch etwas ist in »Liebe« enthalten, nämlich Vergebung, Verzeihung, Versöhnung, unüberwindliche Gegensätze kann es in ihr nicht geben.

Die Atmosphäre solcher Liebe muß das langfristige Ziel in einer Pfarrei sein, und mit Recht sagt Papst Paul VI.: »Der beste Weg, die Welt zu bekehren, ist, sie zu lieben.«

3. Der oft gehörte Bibeltext genauer betrachtet

Viele Christen sagen über manche Texte in der Bibel, die ihnen vom Sonntagsgottesdienst, vom Religionsunterricht oder aus geläufigen Zitaten bekannt sind, das kennen wir schon, das haben wir schon oft gehört, das handelt von diesem oder jenem Thema.

Diese Art des Kennens verleitet dazu, wichtige Details der Geschichte zu übersehen, sie auszuklammern. Der Christ gleicht hier dem Bürger einer Stadt, der zwar den Dom, das Museum kennt, aber die so wertvollen und kostbaren Kleinigkeiten völlig übersieht. Ein Fremder weiß meist mehr darüber.

Die Methode des Schriftgesprächs soll dem ein wenig abhelfen. Sie will aber nicht eine neue Form der Interpretation vorstellen, sondern sie soll den Blick für scheinbar Nebensächliches, Belangloses oder auch für allzu oft Gehörtes schärfen beim Lesen eines Bibeltextes, besonders wenn er uns schon zu vertraut ist. Die Auslegung kann dann in der Art wie oben unter I. 1. geschildert geschehen.

a) Lk 10, 25—37

Im Gleichnis vom barmherzigen Samariter geht es um die Nächstenliebe und insbesondere um die Frage: »Wer ist mein Nächster?« Als »Nächster« galt in Israel jeder Angehörige des eigenen Volkes und Glaubens. Leute aus Samaria waren demnach keine »Nächste«.

Ein Pharisäer fordert nun Jesus auf, zu sagen, was er unter dem »Nächsten« versteht. Die Antwort, die Jesus durch das Erzählen einer Geschichte gibt, müssen wir als Christen annehmen, und wir müssen danach handeln.

In der Geschichte vom barmherzigen Samariter fallen drei Gruppen von Menschen auf, die es wert sind, daß man sie genauer betrachtet:

1. Derjenige, der von Räubern zusammengeschlagen schwerverwundet am Weg liegt.

Dieser Mensch wird häufig nur als Mittel zur Aussage in diesem Gleichnis gesehen; dennoch kann auch diese Gestalt uns nachdenklich machen.

Vielleicht so: Auch in der heutigen Zeit fallen noch sehr viele in unseren Pfarreien unter die »Räuber«. Sie werden zwar nicht mehr blutig geschlagen, aber womöglich in ihrer Existenz gefährdet, in ihrem Innersten verletzt, im Wert ihres Lebens verunsichert, in ihrem Glauben irre gemacht. Und die »Räuber« können wir alle sein.

Einige Beispiele sollen das verdeutlichen:

a) Eine kinderreiche Familie sucht eine Wohnung: Wie viele Vermieter zeigen sich als Räuber, sei es, daß ihnen Hundegebell lieber ist als Kindergeschrei oder daß sie einfach die Miete zu hoch ansetzen.

b) Eltern mit einem behinderten Kind suchen in der Pfarrei Verständnis, Anerkennung und Hilfe für ihre Situation: Wie viele Christen in der Pfarrei zeigen sich als Räuber, indem sie dieser Familie aus dem Weg gehen, sich durch solche Kinder gestört fühlen oder von Schicksal und Strafe Gottes sprechen.

c) Jugendliche suchen das Gespräch mit den Eltern, äußern durchaus realisierbare Wünsche, bringen aber andere Vorstellungen und Voraussetzungen mit als Vater und Mutter: Wie oft zeigen sich Väter als Räuber, indem sie autoritär oder ohne auf den Sohn oder die Tochter einzugehen urteilen und die eigene Jugendsituation auf heute übertragen.

2. Eine zweite Gruppe, die auffällt, sind die Amtsträger, der Priester und der Levit. Beide gehen an dem Verwundeten vorüber, obwohl sie annehmen mußten, daß es ein Jude sei, also ein »Nächster«. Beide werden sich aber trotzdem als gerecht betrachtet haben, da sie ja als Träger eines Amtes sich aus dem Volk heraushoben. Außerdem erfüllen sie sicher jede Gesetzesvorschrift, aber nicht mehr.

Bei Jesus zählen sie jedoch nicht zu den Gerechten, für ihn haben sie sich ganz eindeutig schuldig gemacht, und damit haben sie den Willen Gottes nicht erfüllt.

Für uns kann es eine sehr lehrreiche Personengruppe sein; denn wie oft befinden wir uns in ähnlicher Situation, daß wir uns schon aufgrund unseres Amtes, sei es als Priester, Mitglied des PGR oder Mitarbeiter in der Pfarrei als gerecht und christlich betrachten.

Jesus meint aber, nicht das Amt oder der Titel entscheidet, nicht die Mitgliedschaft im PGR oder in einem Verband, sondern die Tat, d. h. wie wir den Glauben, das Christsein, die Verantwortung wirksam werden lassen und wie wir uns den Menschen gegenüber verhalten. Auch das ist wichtig: Wenn man ein Amt innehat, wird man besonders beobachtet und beurteilt.

3. Die dritte Person in dieser Geschichte kommt als Antwort auf die Frage des Gesetzeslehrers ins Spiel, sie zeigt uns, wie wir als Christen handeln müssen. Jesus sagt, auch zu jedem von uns: »Geh hin und handle ebenso«, sei auch du jedem der Nächste. Wie sieht dieses Handeln aus?

Ein Fremder, der keinen rechten Glauben hat, ein Samaritaner,

der als Feind der Juden gilt, ist die Hilfe für den Verwundeten. Er fragt nicht nach Gesetz, Religion oder dem Maß seiner
Verpflichtung. Er sieht jemand in Not — und hilft, setzt Zeit
und Geld ein, ohne nach Vorteil oder Dank zu schielen. So
lautet also der Auftrag Christi an uns.

Wie oft nun, muß man sich fragen, ertappen wir uns in der
Rolle des »Gesetzeslehrers« und wie oft handeln wir in der
Rolle des »Samariters«?

Christus will uns aber als »Samariter«. Was heißt das konkret? Man muß als Christ auch manchmal über die Gesetze
hinaus handeln (nicht: Was *muß* ich tun? sondern: Was kann
ich *noch* tun?), den eigenen Schatten überspringen (wir haben
oft Angst vor den eigenen Fähigkeiten und vergraben eher
ein Talent, als daß wir mit ihm arbeiten!), den Menschen hö-
her als die Gesetze achten, den Auftrag Christi im Evangelium
als Richtschnur ansehen.

Vor Jahrzehnten war Verketzerung aller Nichtkatholiken, die
Verachtung gegenüber denen, die nicht zur Kirche kamen,
vielfach üblich. Hier ist ein Wandel eingetreten. Heute geht
man auf diese Menschen zu, spricht mit ihnen, versteht sich,
weiß man, daß man nicht auf sie warten darf.

Aber dennoch gibt es noch einige in unseren Gemeinden, die
abseits stehen, die wir nicht ansprechen, die oft vergeblich auf
uns warten: Neuzugezogene, Randchristen, Andersdenkende,
Einsame, Verbitterte.

Hier ist Ruhe und Selbstgerechtigkeit am falschen Platz. Die
Antwort muß vielmehr lauten: Hingehen zu denen, eigene
Initiativen ergreifen und nicht warten, bis die anderen vor-
sichtig bei uns anklopfen. Nicht nach Vorteil, Meinung und
Ansehen fragen oder danach, ob mir jemand sympathisch ist.
Christsein heißt manchmal auch, der Dumme sein!

Anmerkung: Dieses Schriftgespräch kann auch auf mehrere
Sitzungen aufgeteilt werden. Man betrachtet z. B. bei jeder
Sitzung eine Gruppe und spricht darüber.

b) Mt 14, 15—18

Der Inhalt dieser Perikope als Ganzes gesehen ist wohl jedem als Hinweis auf die Eucharistie bekannt. Jesus, der eine Menge Leute sättigt, wird dargestellt als einer, der nicht nur den irdischen Hunger stillt, sondern auch »Brot des Lebens« reicht. Dieser Brotvermehrung geht aber ein fast seltsamer Dialog zwischen Jesus und seinen Jüngern voraus, wobei der Satz »gebet ihr ihnen zu essen« nur Kopfschütteln erregen kann. Frei übersetzt könnte das Gespräch folgendermaßen lauten:

Jünger: Herr, es ist höchste Zeit zum Essen. Schicke die Leute weg, damit sie sich in den Dörfern etwas kaufen können!

Jesus: Das verstehe ich nicht, wieso sollen sie weggehen? Es besteht doch gar kein Grund dafür; denn ihr könnt ihnen ja etwas zum Essen geben!

Jünger: Das ist leicht gesagt. Wir haben doch nur fünf Brote und zwei Fische, also eigentlich überhaupt nichts für diese Menge von Männern, Frauen und Kindern!

Jesus: Was wollt ihr denn? Das ist doch schon etwas für den Anfang. Bringt mir das Brot und die Fische!

Was bedeuten nun gerade diese Sätze für einen Christen, für einen verantwortungsvollen PGR? Dieser kurze Dialog wird meist als Vorgeplänkel für das größere Ereignis übergangen.

Eigentlich empfindet man die Jünger als sympathisch, sie zeigen Blick für Realität und handeln dementsprechend. Nur Jesus ist mit diesem Denken nicht einverstanden. Er meint, wenigstens anfangen könnte man mit dem Wenigen; wie es weitergeht, wird man dann schon sehen.

Diese Geschichte ähnelt doch sehr stark manchen Situationen in einer Pfarrei. Da gibt es einige wenige aktive Mitglieder, oft nur geringe Wirkungsmöglichkeiten, kaum eine Hoffnung auf sehr viel Erfolg. Und letzten Endes erlischt auch dieser Eifer, versanden auch diese sporadischen Aktionen, weil man resigniert aufgibt, weil bei nüchterner, logischer Überlegung das weitere Bemühen sinnlos erscheint. Gerade hier kann aber der genannte Text der Heiligen Schrift weiterhelfen.

Obwohl menschlich gesehen zu wenig aktive Mitarbeiter vorhanden sind, obwohl die Fähigkeiten und Möglichkeiten sehr dünn gesät sind, muß man anfangen zu wirken, muß man wenigstens diese geringen Voraussetzungen ausschöpfen. In einer Pfarrei mit 5000 Katholiken ist eine Jugendgruppe mit zehn Mitgliedern sehr dürftig, aber es wäre falsch und unchristlich, deswegen diese Gruppe zu vernachlässigen oder sie aufzulösen.

Oder sehr oft erlebt man in einem PGR, daß in einer Gruppe von etwa 20 Leuten nur drei oder vier echt mitarbeiten. Es ist zunächst verständlich, wenn sie sich überlastet fühlen, einer erneuten Kandidatur sich widersetzen oder sich auch vom Trend der Passivität einfangen lassen. Hier kann eigentlich nur das echte Vertrauen auf den Herrn und seine Verheißung weiterhelfen, die sich damals zeigte, als 5000 Menschen satt wurden oder als die Netze der Jünger zu reißen drohten, nachdem sie auf sein Wort hin nochmals die Netze ausgeworfen hatten (Lk 5, 5—6).

Das Geheimnis der Kraft und des Einflusses Gottes wird und kann erst dort sichtbar und spürbar werden, wo der Mensch den Anfang gesetzt hat.

c) Mt 5, 14—16

Das Bild vom Licht ist jedem geläufig. Wenn Jesus es als Sinnbild für das Leben und die Haltung eines Christen benützt, verbindet er damit gewisse Vorstellungen. Ein natürlicher Lebensvorgang wird zum Ausdruck für das Wirken des Christen in dieser Welt. Jesus meint, wer ehrlich Christ sein will, muß auffallen, muß sich herausheben, muß sichtbar sein. Ein Licht hat wegweisende Funktion, aber nur dann, wenn es hell und klar brennt, wenn es so angebracht ist, daß es eine größtmögliche Fläche ausleuchtet, wenn die Flamme in voller Kraft leuchtet und nicht auf Sparflamme gesetzt ist. Sicher, ein allen sichtbares Licht ist auch dem Wind ausgesetzt, droht manchmal zu erlöschen oder beginnt zu flackern. Aber deswegen wird man es nicht zudecken oder gar auslöschen; denn damit würde es gänzlich seine Funktion verlieren.

So ähnlich verhält es sich auch mit den Christen oder konkret mit dem PGR. Das Wort Jesu, richtig verstanden, kann bedeuten: Man muß sich vor den Menschen zeigen, sie müssen wissen und erkennen, daß ich mich für diesen Jesus entschieden habe und mich dementsprechend verhalte, auch wenn es allgemeinen Anschauungen, Vorstellungen und Normen zu widersprechen scheint. Aufgrund einer negativen Sozialkontrolle in einer Pfarrei wäre es verheerend, sein Christsein zuzudecken, ängstlich darauf bedacht, nicht anders sein zu wollen als die große Masse. Eine schweigende Mehrheit, auch im PGR, ist wie ein Licht unter dem Scheffel, sie fällt nicht auf, sie wird nicht gefährlich, sie wird nicht vernehmbar. Deshalb sollte man seine Fähigkeit offen zeigen, sie nicht herunterspielen, man sollte Aufgaben übernehmen, heraustreten aus dem Schatten. Man muß aber in der Rolle des Lichtes auch damit rechnen, daß man von allen Seiten betrachtet wird, also auch Schwächen preisgibt. Nur sollten diese soweit abgebaut werden, daß man sein eigenes Licht damit nicht erstickt. Wenn ein Pfarrgemeinderat letztlich Licht sein will, muß er manchmal unpopuläre Themen (Wertverfall in der Gemeinde) aufgreifen, unangenehme Tatbestände (Generationskonflikt, Vorurteile in der Pfarrei) nennen oder harte Forderungen stellen (Voraussetzung zum Empfang von Sakramenten, Sonntagspflicht).

Der Pfarrgemeinderat hat zu leuchten, nicht zu blenden, hat Licht (= gutes Beispiel) zu geben. An ihm sollte man sich orientieren können.

4. Die Ideale der Bibel und die Wirklichkeit
— einmal träumen vom biblischen Leben —

Diese Art des Bibelgesprächs soll den Teilnehmern in einer vielleicht ungewohnten Form den Inhalt eines Textes nahebringen. Es ist jedoch sicherlich nicht leicht, ein solches Gespräch vorzubereiten.

Was ist zu tun? Man wählt sich einen Text, der einem imponiert, der den Wunschvorstellungen mehr als der Wirklichkeit entspricht. Dann überträgt man diese Bibelstelle in das Leben der eigenen Pfarrei — womöglich angereichert mit konkreten, allen bewußten Situationen und Ereignissen — und malt sich aus, wie dieses Leben in der Pfarrgemeinde aussähe, wenn die Worte der Bibel von allen verwirklicht würden. Man muß sich dabei ganz und gar vom Text einfangen lassen ohne wenn und aber.

Der Vorteil dieser Bibelgesprächsform liegt darin, daß in einem Traum selbstverständlich Vorstellungen erlaubt sind, die über die Wirklichkeit hinausgehen und die damit nicht sofort Widerspruch erregen. Viele Leute sagen ja, daß die Heilige Schrift Idealvorstellungen ausmalt, die so gar nicht zu erfüllen sind. Dem kommt man mit dieser Form entgegen, und die Wirklichkeit und ihre Verbesserung wird dann eine Aufgabe für das Gespräch sein; denn in der anschließenden Diskussion soll es das Ziel sein, auszuloten, wo die Grenze zwischen Ideal und Wirklichkeit verläuft, und es ist zu fragen, ob man diese Grenze nicht ganz vorsichtig bei gutem Willen aller in kleinen Schritten in Richtung Ideal verschieben kann.

a) Das Zusammenleben in der Gemeinde

Zu den folgenden Ausführungen ist es gut, zwei Stellen aus der Apostelgeschichte zu lesen und zwar 2, 42—47 und 4, 32 bis 37.

»Ich träumte, daß ich in einer Pfarrgemeinde lebte, in der das Wort von der lebendigen Gemeinschaft, von der Nächstenliebe ganz und gar verwirklicht war.

Einige sehr seltsame Dinge konnte ich da erleben:
Jeder kannte jeden, und jeder war für jeden da. Jeder freute
sich mit dem anderen, jeder litt mit dem anderen. Die Gemeinschaft war ein Herz und eine Seele (siehe Apg 4, 32), sie
lebte, was seit den Zeiten Jesu und der Apostel gelehrt und
verkündet wird (»sie verharrten in der Lehre der Apostel«
Apg 2, 42).
In vielen Formen zeigte sich das. Sie versammelten sich im-
mer wieder um den Tisch des Herrn zum Gottesdienst, zum
Gebet. Freudig und vertrauensvoll klangen ihre Lieder, ihre
Bitten, ihr Lobpreis. Jeder war beteiligt, viele wirkten mit,
keiner stand abseits.
Jeder legte an seinem Platz Zeugnis ab für Gott durch sein
Wort und durch sein Tun. So teilten sie z. B. auch mit all
denen, die weniger hatten, die in Not waren. Sie verteilten
Brot, sie verteilten Kleidung und Sonstiges, nach eines jeden
Bedürfnis. Mancher verkaufte deswegen etwas von seinem
Hab und Gut. Sie hatten alles gemeinsam und es gab keinen
Bedürftigen unter ihnen. Jeder konnte dem anderen von seiner Not erzählen und man versuchte gegenseitig sich zu helfen. War es nicht aus eigener Kraft möglich, wandte man sich
an dafür vorhandene Personen und Einrichtungen.
Man traf sich bei einzelnen in den Wohnungen zum Gespräch
und zum Gebet. Die verschiedenen Alters- und Standesgrup-
pen kamen immer wieder zusammen, um zu diskutieren,
Meinungen auszutauschen, Ideen darzulegen, Mißverständnisse auszuräumen, um sich gegenseitig im Glauben zu stär-
ken und um Eucharistie zu feiern. Gegenseitig baten sie sich
um Verzeihung, wenn man einander Unrecht tat; wer Schuld
auf sich geladen hatte, dem wurde vergeben, und Friede und
Versöhnung kehrte immer wieder ein. Wo Hand anzulegen
war, wurde fest zugegriffen, ob es nun eine Einrichtung für
die Gemeinschaft zu »bauen« galt, eine Aktion zu organisie-
ren gab oder ob der einzelne Hilfe benötigte, wenn etwa die
Mutter krank wurde. Jeder half nach seinen Fähigkeiten,
stellte sein Wissen, seine Erfahrung und seine Zeit auch der

Gemeinschaft zur Verfügung. Keiner drückte sich oder wurde an den Rand gedrückt. Es herrschte Verständnis für die besondere Situation einzelner. Für jeden gab es einen Platz, und nur selten waren die Plätze verwaist.

Man hörte manchmal, daß einige krank seien und dann besuchte man sie, damit sie sich nicht von der Gemeinschaft ausgeschlossen fühlten und damit für sie gebetet wurde.

Des öfteren hatte man in der Pfarrgemeinde einen Grund zum Feiern, wenn etwa ein Kind getauft und somit in die Gemeinschaft aufgenommen wurde, wenn Glieder der Gemeinde mit dem Sakrament der Firmung den Heiligen Geist empfingen oder auch wenn der einzelne ein besonderes Fest beging. Dazu legte man großen Wert darauf, daß die kirchlichen Feste, angefangen etwa von Ostern bis hin zum Pfarrpatrozinium, würdig und dem Anlaß entsprechend in der Gemeinschaft und in jeder Familie gefeiert wurden. Jung und alt saßen in dieser Pfarrgemeinde oft beisammen, in hitzige Debatten verstrickt, ohne Vorurteile, ohne gegenseitigen Groll und jeder versuchte den anderen zu verstehen, ihn anzunehmen, von ihm zu lernen.

Es war ein großes Verständnis, ein herzliches Verhältnis und viel Liebe zwischen den Gemeindemitgliedern zu spüren. Und immer wieder kamen Leute, die sich der Gemeinde anschließen wollten aufgrund dessen, was sie sahen und erlebten.

Ich wachte auf und erlebte: Die Wirklichkeit unserer Pfarrei ist ganz anders. Wie? Das wissen Sie selbst!«

Ein Stück des Traumes Wirklichkeit werden zu lassen; ist es ein Wunsch, ist es eine Unmöglichkeit, ist es ein Hirngespinst? Ich weiß es nicht!

Denn die Antwort liegt in vielen Händen!

b) Das Gebet

Das Gebet in der Pfarrei muß auch ein Anliegen des PGR sein. Freilich trifft es bei der Verwirklichung immer wieder auf menschliche Unzulänglichkeiten.

Die Aussagen über das Gebet sind im Neuen Testament sehr zahlreich, und im Zusammenhang gesehen ergeben sich Forderungen an den Beter, vor denen man zurückweichen möchte.

Wie stellt sich nun das Neue Testament den idealen Beter vor? Man sollte sich durchaus einmal von diesen Gedanken einfangen lassen und darüber nachdenken.

Dieser Mensch betet, bittet, fleht zu Gott. Er hat Anliegen, Sorgen und Nöte, aber auch Dank und Lobpreis auf den Lippen. Seine Haltung ist gekennzeichnet von einem unerschütterlichen Vertrauen auf Gott, von überzeugtem Glauben, von einer großen Hoffnung. Nicht aus Furcht und Angst oder wegen der Strafe kommt er zu Gott, sondern weil er in Gott durch Jesus Christus seinen liebenden, lebendigen, hier anwesenden und gerechten Schöpfer sieht, der ihn »nach seinem Bild« erschaffen hat und ihn hört und versteht.

Das Beten dieses Menschen ist kein Geplapper, kein Heucheln; dieser Mensch gleicht keiner Gebetsmühle, er ist demütig und ganz klein vor Gott, läßt mehr das Herz als die Lippen sprechen. Und er versucht zu hören, zu lauschen, zu verstehen, was Gott will, was Leid und Glück bedeutet, welche Antwort Gott auf seine Frage hat und nicht wie er sie selbst gern beantwortet haben möchte. »Dein Wille, Herr, geschehe!« Er wendet sich auch nicht in Verzweiflung von Gott ab, rechnet ihm nicht vor, was er doch schon alles Gutes geleistet habe und daß er deswegen Not und Kummer gar nicht verdient. Dieser Mensch sucht im Gebet einen festen Halt, in Gott einen Gesprächspartner, dem er alles sagen darf, nicht in hochtrabenden Worten, sondern einfach und schlicht; denn er weiß, daß man Gott nicht Lehren und Satzungen vortragen und auch nicht taktisch ausspielen kann. Letztlich ist diesem Beter ebenfalls bewußt, daß die Verbindung zu Gott auch durch den Nächsten geschieht, dieser also ins Gebet einzuschließen ist, daß das Gebet eine verbindende Kraft innerhalb der Gemeinschaft sein muß, daß das Gebet nicht trennen darf, sondern verbinden muß.

Das Gebet besitzt nur Wert, wenn die Worte mit dem eigenen Lebensstil und Handeln übereinstimmen. So vergibt er dem Nächsten etwa — er versöhnt sich mit dem Nachbarn —, bevor er zu Gott spricht.

Zu dieser Betrachtung kann man folgende Bibelstellen heranziehen:

> Mt 6, 5. 7; 7, 7; 15, 7. 8; 21, 22
> Mk 11, 24—26; 12, 40
> LK 11, 1—4; 18, 10—14
> Apg 4, 24—31; 22, 17
> 1 Kor 14, 14—19

c) Konfliktlösung auf biblische Art (1 Thess 5, 12—22)

Die Pfarrgemeinderäte bilden in ihren Ideen, Meinungen, Charakteren oder in ihrer Herkunft eine bunte Vielfalt und sollten dennoch eine Einheit sein. Ebenso erscheint die Pfarrgemeinde als vielgestaltiges Gebilde, dem der Auftrag zur Einheit gegeben ist. Oft jedoch finden sich viele Hindernisse zu dieser Einheit, Konflikte, deren Lösung sehr schwerfällt, Situationen, die man gerne nach menschlichem Nützlichkeitsmuster bewältigen möchte.

Die Bibel zeigt hier andere Wege, wünscht eine Gemeinde etwa in der Art, wie sie jemand in einem Traum erlebte:

»Er kam in eine Gemeinde, in der es wie überall Auseinandersetzungen gab, Meinungsverschiedenheiten, Generationskonflikte, Schwierigkeiten bei kirchlichen Reformen, bei wichtigen Entscheidungen, bei der Mitarbeit, bei Kompetenzen, bei der Auswahl von Schwerpunkten und bei der Festlegung von pastoralen Zielen.

Es war zunächst eine Pfarrei wie jede andere, aber sie unterschied sich von anderen wesentlich durch die Art ihrer Bewältigung und Lösung auftretender Probleme. Die Menschen achteten den anderen, machten keinen Unterschied zwischen Jung und Alt, zwischen »Schwachen« und »Starken«. Sie versuchten den Mitmenschen so zu sehen, wie er ist und schrieben ihn nicht ab, weil sie mit ihm nichts zu tun haben wollten. Selbstgefälligkeit, Überheblichkeit und egoistisches Denken waren nicht zu spüren. Sie argumentierten leidenschaftlich für eine Sache, verfielen aber nicht in Sturheit und Rechthaberei, sondern zeigten sich aufgeschlossen und einsichtig gegenüber besseren Begründungen. Niemand hielt sich wegen besserer Ausbildung, mehr Besitz oder höherer Ämter für größer. Gerade der »Schwachen« in der Pfarrei nahm man sich immer wieder an. Man konnte feststellen, daß niemand gegängelt, gedrückt oder autoritär behandelt wurde. Jedem wurde die Freiheit, aber auch die Hilfe zugestanden, die er zu seiner menschlichen und christlichen Entfaltung benötigte. Liebe und gegenseitige Hochachtung standen im Vordergrund.

So war auch das Ringen der Fortschrittlichen mit denen, die ängstlich religiöse Traditionen ohne ein Stück christlichen Wagemuts festhielten, von gegenseitiger Rücksichtnahme auf das jeweilige ehrliche Gewissen bestimmt. Keiner wurde in Gewissensnot gestürzt oder gar aus der Gemeinde vertrieben. Von gemeinsamer Verantwortung und solidarischer Brüderlichkeit war das Verhältnis zwischen Amtsträgern und Laien bestimmt, und in dieser Haltung meisterte man auch Konflikte; denn sie deckte man nicht zu, sondern löste sie im Geist des Evangeliums. Auch Probleme, die augenblicklich nicht zu bewältigen waren, traten hervor. Sie rissen jedoch keine Kluft in die Gemeinschaft und führten nicht zur Polarisation, sondern stachelten zu besonderer Anstrengung und Rücksichtnahme an. Und letztlich erfuhr man sich im Glauben als eine Gemeinschaft, in der Gott anwesend ist und auch weiterhelfen kann. In dieser Überzeugung beteten sie immer wieder zu ihm und holten sich von dort Kraft und Ausdauer.«

5. Die Menschen in der Heiligen Schrift:
   Ansporn — Trost — Vorbild

Das Neue Testament betrachtet man im allgemeinen als Bericht über das Leben und Wirken Jesu. Die Menschen, die mit Jesus wandern, die sich ihm anschließen oder die sich gegen ihn wenden, mit denen er Gespräche führt oder an denen er Wunder wirkt, erscheinen uns oft nur als Randfiguren, als belebendes Element.

Und doch können gerade diese Personen für das heutige christliche Leben von großer Bedeutung sein, weil sie Spiegelbilder der Menschen unserer Zeit sind. Vielleicht übersieht man das deswegen heute oft, weil sie zu schnell glorifiziert, als Heilige betrachtet oder als Ungläubige, Feinde des Christentums abgestempelt werden. Einmal abgesehen von der Person Jesu gibt es im Neuen Testament Leute, Männer und Frauen, viele Berufsstände, Arme und Reiche, Angesehene und Verachtete, kurzum Personen, wie sie auch heute leben. Sie waren zunächst keine Heiligen, sondern hatten Fehler, Schwächen, Unzulänglichkeiten, mußten um den Glauben kämpfen, hatten sich zu entscheiden, waren sicherlich damals nicht weniger Anfechtungen durch ihre Umwelt ausgesetzt als es die Christen heute sind. Würden sie jetzt leben, sie würden kaum auffallen. Was liegt also näher, als diese Apostel, Zöllner, Pharisäer, Hirten, diesen reichen Jüngling, den Schächer oder die Christen in Rom und Korinth einmal so zu betrachten, wie sie sich gegenüber Jesus und seiner Lehre verhielten, wie sie zauderten, schimpften, glaubten, ihm nachliefen oder kopfschüttelnd weggingen. Man kann von diesen Menschen das Christsein lernen, sie können Trost, Vorbild oder auch Warnung sein.

Deshalb kann eine Form des Schriftgesprächs gerade in der genauen Betrachtung von Menschen oder Gruppen bestehen, wie sie die Bibel schildert.

Man wählt dabei Personen der Heiligen Schrift aus, stellt sich anhand des Namensregisters in der Bibel die Berichte über sie zusammen und versucht etwa folgende Fragen zu klären:

— Wie werden sie auf Jesus aufmerksam? (z. B. durch Berufung, Wunder, Mitmenschen)
— Wie stehen sie zu Jesus und seiner Lehre? (z. B. wundern sie sich? Folgen sie ihm aus Überzeugung oder aus Neugierde? Bekämpfen sie ihn?)
— Wie verhält es sich mit ihrem Glauben? (z. B. nehmen sie nur Einsichtiges an oder lassen sie sich auch auf das Wagnis ein?)
— Wo liegen ihre Vorzüge, wo ihre Fehler?
— Was können wir aus dieser Person bzw. diesen Personen für unser Christsein lernen?

a) Die Pharisäer

Manche werden sagen, was kann man von dieser Gruppe schon lernen, und dabei merken die Menschen, die so reden, nicht, daß sie damit bereits pharisäischer Denkweise verfallen sind. Die Pharisäer wurden sicherlich auch deswegen auf Jesus aufmerksam, weil er so anders war als sie, weil er sich ihrem Schema nicht einfügte. Auf jeden Fall kann diese Gruppe uns sehr viele Hinweise geben, wo die Hindernisse zum Glauben liegen und warum auch heute manchen Menschen der Weg zu Christus versperrt ist.

Die Pharisäer standen Jesus teils skeptisch, teils feindlich, teils auch in blinder Ohnmacht gegenüber. Manchmal mußten sie sich sicherlich zwingen, seine Worte abzulehnen, denn so uneinsichtig konnten diese gebildeten Leute gar nicht sein. Oft genug schwiegen sie deshalb oder machten sich davon. Ihr Grundsatz war wohl: Was nicht sein darf, das kann auch nicht sein. Das Verhalten der Pharisäer zu Jesus beschreibt das Neue Testament in vielerlei Begegnungen. In Stichworten könnte man folgende Züge an ihnen nennen:

Selbstgerechtigkeit — mit Sündern wie etwa Zöllnern möchte man nichts zu tun haben (Mk 2, 16 / Lk 16, 15).

Gesetzesfanatiker — zuerst kommt das Gesetz und dann der Mensch (Mk 2, 24 / Lk 18, 9—14).

Falsches Gottesbild — es ist leichter, Gott mit Lehren und Satzungen zu dienen als mit erfinderischer Liebe (Mk 7, 6—8).

Verstocktheit — lieber schweigt man, als daß man das bessere Argument anerkennt (Mk 3, 5).

Hartherzigkeit — ein Gesetz ist gut, solange es nützt (Mk 10, 2—6).

Heuchelei — vor Gott kann man schwindeln, man kann ihn zum Menschen degradieren (Mk 12, 13—17).

Fehlendes Gottesverständnis — es wäre schlimm um den Himmel bestellt, wenn dort die Welt nicht weiterbestünde (Mk 12, 24—27).

Selbstherrlichkeit bzw. Egoismus — den Eindruck, den man auf die Menschen macht, findet Gott immer belohnenswert (Mk 12, 38—40 / Mt 23, 13—36).

Der Glaube der Pharisäer kann in einem solchen Klima kaum den Ansprüchen Jesu genügen. Sie fordern ein sichtbares Zeichen, möchten am liebsten Gott greifen, betasten und befragen können. Sie verwechseln Beweis und Glaube. Und so ist es nicht verwunderlich, daß sie sich wieder auf ihr Gesetz, auf ihre eingemachte Glaubenskonserve zurückziehen, wo kein Wagnis, keine Unsicherheit, keine Gesellschaftsveränderung, kein persönlicher Verlust zu befürchten ist. Eingefangen in skrupulöser Gesetzlichkeit merken sie nicht, daß in Jesus Gott selbst anwesend ist. Ihr Weg zum Glauben muß erst von Barrikaden geräumt werden.

Dennoch kann man aus dem Verhalten Jesu den Pharisäern gegenüber erkennen, daß auch für sie das Angebot der Gnade bis zum letzten Augenblick gilt. Er läßt sich immer wieder mit ihnen ein, spricht mit ihnen, belehrt sie, faßt sie hart an, aber er läßt sie nicht unbeachtet stehen.

Eines muß man allerdings bei diesem Bild der Pharisäer beachten: Es ist pauschal auf die Gruppe angewandt. Sicherlich gab es aber auch solche, die durch Jesus Einsicht und Glauben gewannen. Für die Christen heute ist die Art des Glaubens der Pharisäer insofern von Bedeutung, als sie zur Warnung dienen kann, wie christliche Haltung nicht sein soll. Die negativen Züge der Pharisäer sind immer noch in der Kirche weit verbreitet. Da wird etwa in der Ehepastoral das Gesetz gegenüber schuldlos Geschiedenen zum Ärgernis, da werden echte Reformen wie in der Ökumene, in der Liturgie, in der Bibelinterpretation zu Irrlehren hochstilisiert, da werden soziale Randgruppen oder Andersdenkende immer noch mit Unbehagen betrachtet, mit denen man lieber nichts zu tun haben will. Der Egoismus und die Selbstherrlichkeit treiben auch heute noch ihre Blüten. Deshalb werden das Beispiel der Pharisäer und das Urteil Jesu über sie stets neu zur Besinnung anregen müssen.

b) Die Gruppe der öffentlich Verachteten (Sünder, Zöllner, Hirten, Unreine usw.)

Eine Menschengruppe im Neuen Testament macht besonders Furore und muß unsere Aufmerksamkeit wecken, da es diese Leute damals wie heute in einer bedrückenden Anzahl gab und gibt. Gemeint sind Menschen, die man an den Rand stellte, für die die damalige Gesellschaftsordnung keinen Platz hatte, die geächtet waren: Hirten, Zöllner, Sünder, Ehebrecher oder Räuber. Um so ungeheuerlicher ist es, wenn sich Jesus gerade mit diesen abgab, zu ihnen redete, sie besuchte oder mit ihnen aß. Andererseits mag es für uns verwunderlich sein, daß gerade diese Leute Jesus im Kern verstanden, glaubten und ihm nachliefen. Deshalb muß man diese Gruppe einmal genauer betrachten, ihre Motive, ihre Einstellung, ihre Erwartungen, weil davon mehr zu lernen ist als von den sogenannten Frommen.

Das Neue Testament schildert sehr oft Situationen, in denen die ebengenannten Personen zu Jesus kommen. Einige nähern sich ihm neugierig, andere werden durch Wunder auf ihn aufmerksam, wieder andere stehen hoffend am Wegrand und folgen ihm auf sein Wort, und schließlich gibt es solche, die unerwartet auf ihn treffen. Auf jeden Fall ist zu spüren, daß diese Personen offen und bereit sind für den Anruf Jesu. Die Nachfolge Jesu bringt keine Gewähr für ein gesichertes Leben, eine Erfahrung, die jener Gruppe nicht fremd war.

Wenn man nun fragt, wie diese Zöllner und Sünder zur Lehre Jesu stehen, so war sie ihnen sicher in gewissen Punkten sehr sympathisch, doch hörten sie auch von Jesus ganz klar, wie er zu Räuberei, Unehrlichkeit und Ehebruch stand. Und dennoch schreckte sie das nicht ab, sondern sie waren bereit, daraus zu lernen und Konsequenzen zu ziehen.

So kehrten die Hirten nach Hause zurück und erzählten freudig allen von ihrem Erlebnis; von bösen Geistern geheilte Frauen stellten ihr Vermögen Jesus und seinen Jüngern zur Verfügung, die ehebrecherische Samariterin bekehrte sich zu ihm, und öffentliche Sünder folgten seinen Forderungen.

Sicherlich könnte man sagen, dieser Erfolg Jesu bei den Ausgestoßenen ist darauf zurückzuführen, daß sie in ihm Trost fanden, daß er sie heilte und ihnen Verständnis entgegenbrachte. Jedoch muß man erkennen, daß diese Leute nicht nur äußerlich, sondern auch innerlich durch Jesus umgewandelt wurden, daß sie also zum Glauben kamen. Der Zöllner Levi glaubt an sein Wort und folgt ihm; wegen ihrer Krankheit Geächtete flehten ihn inständig an im Vertrauen auf seine Macht, der Schächer am Kreuz bekannte sich öffentlich zu ihm. Ihre Glaubenshaltung entsprach den Forderungen Jesu: Vertrauen, Mut zum Wagnis, Nachfolge, öffentliches Bekenntnis oder Wille zur Umkehr.

Neben diesen Vorzügen besitzen diese Menschen auch Fehler, die man ehrlicherweise nennen muß; denn zu schnell würden sie sonst als Idealgestalten dastehen. Grundsätzlich liegen ihre schlechten Seiten schon einmal im Vorleben. So waren die Zöllner sicher nicht die ehrlichsten, machten sich der Ausbeuterei schuldig. Ehebruch, Räuberei, Gesetzesübertretungen sind klar als Schuld zu sehen. Das Wesentliche liegt allerdings darin, daß diese Gruppe bereit war, Schuld einzusehen, sich zu ändern und um Vergebung zu bitten.

Wenn man für heute eine Folgerung aus dieser Betrachtung ziehen wollte, dann vor allem die, daß es für Jesus und Gott keinen, ob schuldig oder unschuldig, Ausgestoßenen gibt und damit auch für die Christen nicht geben darf, daß der Weg zum Glauben und damit zu Christus nicht immer über die Straße menschlichen Ansehens, irdischer Macht, großartigen Wissens oder vieler Ämter führt. Der Glaube wird nur durch echte Entscheidung, dauernde Umkehr und entschiedene Nachfolge gewonnen.

Die Wahrheit liegt nicht bei einer Gruppe, in einem Schema, in einem System, sondern in Christus, in seinen Worten, seinen Taten, in seinem Vorbild.

c) Die Apostel

Das Leben und Wirken der Apostel ist den meisten Christen einigermaßen vertraut. Man kennt sie als die ersten Christen, als Begleiter Jesu, als mutige Glaubenshelden, die für Christus in den Tod gingen. Die Bilder in der Kunst schildern sie als eindrucksvolle, erhabene Gestalten. So erscheinen uns die Apostel aber entrückt, unerreichbar als daß sie uns Vorbild sein könnten. Im Rahmen eines Bibelgesprächs über diese Gruppe im Neuen Testament kann es nun nicht darum gehen, den Glanz der Apostel ehrfürchtig zu betrachten oder sich über wissenschaftliche Erkenntnisse zu informieren, sondern es muß über die Apostel als Menschen mit ihren guten und schwachen Seiten gesprochen werden. Nur so kann ihr Leben und Handeln für den heutigen Christen zum Nachdenken und zur Nachahmung anregen.

Der Weg zum Glauben der Apostel und damit letzten Endes zur Hingabe ihres Lebens für diesen Glauben führte über viele Schwierigkeiten, Mißverständnisse, Zweifel, falsche Erwartungen, über Höhen und Tiefen.

Einige dieser Wegmarkierungen seien in Stichpunkten genannt: (an Hand des Evangeliums nach Markus)

— Unbedingte Befolgung des Rufes Jesu
— Ehrfürchtiges Aufschauen zu Jesus und Staunen über seine Taten
— Unverständnis bei Gleichnisreden
— Kleinmut im Glauben
— Furcht und Angst vor der Macht Jesu
— Predigt und Zeugnis für Jesus
— Befangen von irdischer Sorge (etwa um Brot)
— Uneingeschränktes Bekenntnis zu Jesus
— Wenig Zugang zu den Aussagen Jesu über Leiden und Tod
— Rangstreitigkeiten untereinander
— Lieblose Abweisung von Leuten, die zu Jesus wollen
— Betroffenheit über harte Worte Jesu
— Verdienstdenken bei den Aposteln: Was wird uns für die Nachfolge zuteil?
— Verhaftet im irdischen, menschlichen Denken
— Falsche Hoffnung auf die Macht Jesu
— Verleugnung
— Flucht nach der Gefangennahme Jesu
— Unglaube
— Leidenschaftlicher Bekennermut

Aus dieser Aufzählung ersieht man, daß die Apostel ganz und gar Menschen waren. Ihr Vorzug liegt, kurz gesagt darin, daß sie sich spontan auf Jesus einließen, auf ihn hörten, stets offen waren für seine Botschaft und daß sie den Glauben letztlich im Geiste Jesu unerschrocken verkündeten. Das Leben zwischen ihrer Berufung und ihrem Märtyrertod war trotz der Anwesenheit Jesu geprägt von menschlicher Unvollkommenheit, wie sie auch heute jedem Christen anhängt.
Für die Christen in unserer Zeit können somit die Apostel echte Vorbilder sein, weil sie zeigen, daß es trotz Angst, Unverständnis, Verzagtheit oder Schuld immer wieder einen Weg zu Gott gibt, wenn die grundsätzliche Bereitschaft für Gott und das stete Bemühen zur Umkehr vorhanden sind.

6. Situationen und Probleme unserer Zeit — die Antwort in der Heiligen Schrift

Die Schrift ist natürlich geschrieben in der Sprache der damaligen Zeit unter Berücksichtigung der vorherrschenden Gesellschaftsordnung, der Religion oder der wissenschaftlichen Erkenntnis. So gesehen wird nicht alles in unsere Gegenwart übertragbar sein, aber im Wissen um diese Tatsachen können Aussagen der Heiligen Schrift auch für heute bedeutend sein. Auch die Bilder und Gleichnisse mußten für die Menschen der damaligen Zeit verständlich sein und dementsprechend gewählt werden. Man kann sie nicht einfach übernehmen; jedoch ist der Kern der Aussage immer noch gültig. Wenn man alle diese Umstände berücksichtigt, wird man zu vielen Problemen und Situationen in unserer Zeit in der Schrift die richtige Antwort finden.

Das geistliche Gespräch im PGR sollte deshalb des öfteren darin bestehen, heutige Fragen, seien sie theologischer, zwischenmenschlicher oder gesellschaftspolitischer Art, mit Hilfe der Schrift zu lösen suchen. Manche Tagesordnungspunkte der Sitzung fordern oftmals gerade diese Methode. Wenn man z. B. im PGR über die immer wieder gehörte Klage der Passivität einiger oder vieler Mitglieder spricht, so wird man als Grundlage des Gesprächs einmal den Dienstkatalog bei Paulus (1 Kor 12, 12—31), zum anderen das Gleichnis Jesu vom Gastmahl (Lk 14, 15—24) überdenken müssen. Diese Texte könnten in ihrer eigentlichen Aussage Leitlinie und Motivation für die Mitarbeit sein, d. h. wenn man den Inhalt ernstnimmt, fordert er geradewegs zur Aktivität heraus.

Deshalb soll man einmal versuchen, zu Problemen und umstrittenen Fragen im PGR die Schrift zu befragen. Dort findet man mit der oben genannten Einschränkung die rechte Antwort, und diese sollte eigentlich für den Christen nachahmenswert, ja bindend sein.

Das Problem	Die Antwort der Heiligen Schrift
Versöhnung	z. B. Mt 5,43—48/Lk 17,3.4
Gerechtigkeit	z. B. Mt 20,1—14
Schweigende Mehrheit	z. B. Lk 12,8.9
Gewalt	z. B. Mt 5,38—42/Röm 12,17—21
Weltanpassung	z. B. Lk 12,16—21
Eigentum	z. B. Lk 18,22—30
Irdische Sorge	z. B. Lk 12,22—34
Opfer	z. B. Lk 21,2—4
Feindschaft	z. B. Lk 6,27—37
Resignation	z. B. Lk 5,4—7/Phil 1,27—30

7. Bibeltexte im Vergleich

Die Methode des Schriftgesprächs, mehrere Texte und Aussagen zum gleichen Thema zusammenzustellen, erfordert im Gegensatz zu anderen Formen sicherlich eine intensivere Vorbereitung. Trotzdem bietet sie so große Vorteile, daß man sie hin und wieder aufgreifen sollte:

- Man lernt auf diese Art in verhältnismäßig kurzer Zeit einen großen Teil der Heiligen Schrift kennen.

- Die Schreiber des Neuen Testaments setzten jeweils verschiedene Schwerpunkte entsprechend den Gruppen, die sie ansprechen wollten und für die sie zunächst den Text verfaßten. So schreibt Mattäus etwa für die judenchristliche Gemeinde, während Markus für die zum Christentum bekehrten Heiden seine Texte abfaßt. Jeder findet also andere Voraussetzungen bei seinen Hörern — die einen kennen z. B. das Alte Testament, die anderen kommen von der Vorstellung ihrer Götter zum Christentum —, und er muß dementsprechend seine Ausdrücke, Gleichnisse und Erzählungen wählen. Bei einem Vergleich der Schriften gewinnt man also sicherlich ein umfassenderes Bild. Es ist sogar so, daß manche Aussagen Jesu von Markus, Johannes, Paulus usw. verschieden umschrieben werden und damit für uns in der Zusammenschau erst den eigentlichen Sinn erkennen lassen.

Wie soll man bei dieser Methode vorgehen?

Man wählt ein bestimmtes Thema (z. B. den Begriff »Nächstenliebe« oder »Gebet« oder »Gnade«) und stellt die Aussagen der einzelnen Schreiber nebeneinander. Dabei kann das Register einer Bibel wertvolle Hilfe leisten. Die so zusammengetragenen Texte vergleicht man auf Ausdruck und Inhalt und stellt die verschiedenen Akzente und Unterschiede fest. So bekommt man für einen anfangs abstrakten Begriff letztlich eine lebendige Umschreibung bzw. Erklärung. Auf sie kann man dann auch seine christliche Haltung ausrichten, weil klar geworden ist, was zu tun ist.

a) Die Verheißung Jesu: Der Heilige Geist

Im Gebet, in Liedern erfleht man immer wieder den Heiligen Geist, sei es vor Sitzungen, vor wichtigen Entscheidungen, im Gottesdienst oder bei besonderen Anlässen. Viele berufen sich oft auf diesen Geist, reden in seinem Namen und verwechseln dabei eigenen, menschlichen Geist mit dem, den Jesus verheißen hat und der uns in der Bibel dargestellt wird. Des öfteren ist in den Texten des Neuen Testaments die Rede von diesem Geist. Bei genauer Betrachtung kann dabei klar werden, daß dieser Geist nicht nur als dritte göttliche Person genannt ist, sondern vor allem in seiner Funktion vorgestellt wird.

Bei der Zusammenschau einiger charakteristischer Aussagen über den Heiligen Geist kann ein Bild von ihm entstehen, kann die Vorstellung über ihn so deutlich werden, daß auch die Gebete und Bitten zu diesem Geist lebendiger und konkreter werden.

»Wahrlich ich sage euch: Alle Sünden werden den Menschenkindern vergeben und alle Lästerungen, die sie ausstoßen mögen. Wer aber wider den Heiligen Geist lästert, der wird in Ewigkeit keine Vergebung erhalten, sondern ist ewiger Sünde schuldig« (Mk 3, 28—29).

»Gott ist ein Geist, und die ihn anbeten, müssen ihn im Geist und in der Wahrheit anbeten« (Joh 4, 24).

»Und ich werde den Vater bitten, und er wird euch einen anderen Beistand geben, der ewig bei euch bleiben soll, den Geist der Wahrheit, den die Welt nicht empfangen kann, weil sie ihn nicht sieht und nicht kennt. Ihr kennt ihn, weil er bei euch bleibt und in euch sein wird« (Joh 14, 16—17).

»Der Beistand aber, der Heilige Geist, den der Vater in meinem Namen senden wird, der wird euch alles lehren und euch an alles erinnern, was ich euch gesagt habe« (Joh 14, 26).

»Wenn aber der Beistand kommen wird, den ich vom Vater senden werde, der Geist der Wahrheit, der vom Vater ausgeht, dann wird er von mir Zeugnis geben« (Joh 15, 26).

»Doch wenn jener kommt, der Geist der Wahrheit, wird er euch in die ganze Wahrheit einführen. Denn er wird nicht von sich aus reden, sondern er wird reden, was er hört, und euch verkünden, was kommen wird« (Joh 16, 13).

»Empfanget den Heiligen Geist« (Joh 20, 22.23).

»Uns aber hat Gott eben das geoffenbart durch seinen Geist; denn der Geist erforscht alles, auch die Tiefen der Gottheit (1 Kor 2, 10 ff.).

»Wißt ihr nicht, daß ihr ein Tempel Gottes seid und der Geist Gottes in euch wohnt« (1 Kor 3, 16)?

»All dies bewirkt ein und derselbe Geist, der einem jeden nach seiner Art zuteilt, wie er will« (1 Kor 12, 11).

»Wenn der Geist dessen, der Jesus von den Toten erweckt hat, in euch wohnt, so wird der, welcher Christus Jesus von den Toten erweckt hat, auch euere sterblichen Leiber beleben durch seinen Geist, der in euch wohnt« (Röm 8, 11).

»Ebenso kommt auch der Geist unserer Schwachheit zu Hilfe; denn um was wir bitten sollen, wie es sich gehört, wissen wir nicht, sondern der Geist selbst tritt dafür ein mit unaussprechlichen Seufzern. Der aber die Herzen erforscht, weiß, was der Geist begehrt« (Röm 8, 26).

»Gab uns ja doch Gott nicht den Geist der Verzagtheit, sondern der Kraft, der Liebe und Besonnenheit« (2 Tim 1, 7).

»Als aber die Güte und Menschenfreundlichkeit Gottes, unseres Heilandes, erschien, hat er nicht aufgrund von Werken der Gerechtigkeit, die wir getan, sondern nach seiner Erbarmung uns gerettet durch das Bad der Wiedergeburt und der Erneuerung, wie der Heilige Geist sie schafft, den er reichlich auf uns ausgegossen hat durch Jesus Christus« (Tit 3, 5).

»Die Frucht des Geistes aber ist: Liebe, Freude, Friede, Geduld, Milde, Güte, Treue, Sanftmut, Enthaltsamkeit ... Leben wir durch den Geist, so laßt uns auch im Geist wandeln« (Gal 5, 22. 25).

Folgendes kann aus dem Textvergleich über den Heiligen Geist gesagt werden:

— Die Verheißung des Heiligen Geistes sagt nicht nur aus, *daß* Gott auch weiterhin bei den Menschen anwesend ist, sondern auch *wie* er anwesend ist.

— Diese Anwesenheit Gottes erfährt man nicht durch ein Sicherinnern oder konzentriertes Denken an Gott, sondern indem man das Angebot Gottes (= Geist) gläubig annimmt.

— Heiliger Geist ist auch ein Name für die Kraft des auferstandenen, zum Vater gegangenen Christus.

— Jesus gibt durch diesen Geist den Aposteln und damit der Kirche seine Fähigkeiten, seine Gaben, ja sich selbst.

— Im Geist leben bedeutet, Jesus verwirklichen, ihm nachfolgen.

— Menschliches Bitten und Denken hat in rechter Weise im Geist Jesu zu erfolgen, also auch nach dem Willen des Vaters und nicht nach menschlichen Vorstellungen.

— Der Beistand des Geistes kommt allen Gliedern der Kirche zugute, nicht nur der Amtskirche, er drückt sich jedoch in verschiedenen Funktionen aus.

— Der Geist hat einigende Kraft. Im Neuen Testament wird auffallenderweise der Heilige Geist meist in Zusammenhang mit Gruppen und Menschenansammlungen genannt. Er macht aus vielen Einzelheiten eine Einheit, aus vielen Menschen eine Gemeinschaft, welche die gleiche Sprache reden und verstehen, nämlich die Sprache der Liebe.

— Im Geist haben die Menschen einen Beistand; um ihn wissen heißt geborgen sein!

b) Die Forderung Jesu: Nächstenliebe (Mt 22, 37—40)

Das Gebot der Gottes- und Nächstenliebe, worin Jesus seine Grundforderung darlegt, ist normalerweise allen Christen bekannt. Doch ist es meist so, daß dieses Gebot abstrakt bleibt oder nur in einer gewissen Richtung begriffen wird.
So umschreiben die einen es mit Solidarität, andere verniedlichen es zur rein humanistischen Hilfeleistung, und wieder andere stilisieren es zu einem hohen Idealzustand, den man erst gar nicht zu erreichen sucht. Für sich allein gesehen mag die Forderung Jesu zu allgemein und unerfüllbar erscheinen, aber mit Hilfe weiterer Aussagen aus dem Neuen Testament, die in den verschiedensten Stellen dargelegt werden, kann der Begriff »Nächstenliebe« sehr konkret werden.
Dazu muß man nun die vielen, teils versteckten Forderungen des Neuen Testaments an die Liebeshaltung des Christen heranziehen:

»Habet acht, daß ihr eure *Gerechtigkeit nicht übet vor den Menschen*, um von ihnen gesehen zu werden, sonst habt ihr keinen Lohn bei eurem Vater im Himmel« (Mt 6, 1).

»Denn wenn ihr den Menschen ihre Fehler *vergebet*, so wird euch auch vergeben« (Mt 6, 14).

»Wenn du also deine Gabe zum Altar bringst und dich dort erinnerst, daß dein Bruder etwas gegen dich hat, so laß deine Gabe dort vor dem Altar und geh hin und *versöhne dich* zuvor mit deinem Bruder« (Mt 5, 23).

»Willst du vollkommen sein, so gehe hin, *verkaufe alles*, was du hast und *gib den Erlös den Armen*, so wirst du einen Schatz im Himmel haben« (Mt 19, 21).

»Ich sage euch: *Liebet eure Feinde*, tut Gutes denen, die euch hassen ... Wenn ihr die liebt, welche euch lieben, welchen Dank habt ihr da zu erwarten. Lieben doch auch die Sünder die, welche sie lieben. Und wenn ihr denen Gutes tut, die euch Gutes tun, welchen Dank verdient ihr? Tun dies ja doch auch die Sünder (Mk 6, 27—34).

»Eine größere Liebe hat niemand, als die, daß er *sein Leben hingibt* für seine Freunde« (Joh 15, 13).

»Die Menge der Gläubigen aber war *ein Herz und eine Seele*. Nicht einer nannte etwas von seinem Besitztum sein Eigen, sondern sie hatten *alles gemeinsam*« (Apg 4, 32).

»Seht aber zu, daß diese *eure Freiheit nicht etwa den Schwachen zum Anstoß werde*. Denn wenn jemand dich, der du die »Erkenntnis« hast, beim Opfermahle sitzen sieht, wird nicht sein Gewissen, weil es schwach ist, aufgemuntert werden, Götzenopfer zu essen? Und so geht durch deine Erkenntnis der Schwache verloren« (1 Kor 8, 9—11).

»So übt nun als Christen *herzliches Erbarmen, Güte, Demut, Sanftmut* und *Geduld. Ertraget einander* und *verzeiht einan-*

der, wenn einer dem anderen etwas vorzuwerfen hat« (Kol 3, 12).

»Die Bruderliebe soll bleiben! Die *Gastfreundschaft* vergesset nicht; denn durch sie haben einige, ohne es zu wissen, Engel beherbergt. *Gedenket* der Gefangenen wie Mitgefangenen, gedenket derer, die leiden« (Hebr 13, 1—3).

»Als Jesus im Haus des Mattäus zu Tische saß, da kamen viele Zöllner und Sünder und setzten sich mit Jesus und seinen Jüngern zu Tische. Als die Pharisäer dies sahen, sagten sie zu seinen Jüngern: Warum *ißt* euer Meister *mit den Zöllnern und Sündern*« (Mt 9, 9—11)?

»Jesus setzte sich der Schatzkammer gegenüber und sah, wie das Volk Geld in die Schatzkammer brachte; viele Reiche brachten viel. Da kam auch eine *arme Witwe und brachte zwei Scherflein.* Jesus sagte nun: Diese arme Witwe hat mehr gegeben als alle anderen« (Mk 12, 41—43).

Weitere Textstellen, die den Begriff erhellen können:

> Mt 5, 1—12; 7, 12
> Röm 12, 9. 10; 13, 9. 10; 15, 1. 2
> 1 Kor 13, 4—8
> Gal 6, 2
> 1 Joh 3, 14—18

Die kursiven Worte und Sätze aneinandergereiht ergeben nun, in Stichworte ausgedrückt den Inhalt von Nächstenliebe. Man erkennt dabei sehr deutlich, wo der Mehrwert christlicher Liebe im Gegensatz zu anderen Liebesideen liegt.

c) Der Begriff: Dienst — Dienen

Wenn in der Kirche Mitarbeit und Aktivität von den Christen verlangt wird, beruft man sich meist darauf, daß Christusnachfolge im Dienen besteht. Manchmal ist jedoch nicht zu überhören, daß man hier das Wort »Dienst« mit Gehorsam,

Unterwürfigkeit, Befehlsempfang u. ä. umschreibt. Im Neuen Testament ist immer wieder die Rede vom Dienen, jedoch im positiven Sinn, der Freiwilligkeit, Einsicht, Selbstachtung und Mündigkeit einschließt. Will man also den echt biblischen Begriff Dienen nachvollziehen, ist es notwendig, die entsprechenden Schriftstellen zu lesen und in ihrem Inhalt zu deuten.

Die nachfolgende Zusammenstellung versucht dies:

»Denn es steht geschrieben: Den Herrn, deinen Gott, sollst du anbeten und ihm allein dienen« (Mt 4, 10).

Der Dienst des Christen ist unteilbar. Es schadet der Sache Jesu, sie nur halbherzig zu verfolgen.

»Nicht so soll es unter euch sein, sondern wer unter euch groß sein will, der sei euer Diener. Wer unter euch der Erste sein will, der sei euer Knecht. Ist doch auch der Menschensohn nicht gekommen, sich bedienen zu lassen, sondern zu dienen...« (Mt 20, 26—28; vgl. Mk 10, 43 bis 45).

Die Rangfolge wird bei Jesus auf den Kopf gestellt. Menschlicher Maßstab verliert seine Bedeutung. So soll auch der PGR als bestimmendes Gremium der Pfarrei seine Aufgabe im Dienen sehen, im Dasein für die anderen und im Zuhören und nicht im Anordnen. Sein Platz ist unter den Leuten, nicht über ihnen.

»Wer der Größte unter euch ist, der soll euer Diener sein« (Mt 23, 11).

»Herr, wann haben wir dich hungrig oder durstig oder als Fremdling oder nackt oder krank oder im Gefängnis gesehen und haben dir nicht gedient« (Mt 25, 44)?

Jemand in der Not beistehen, heißt dienen. Dafür bedarf es aber oft eines wachen Auges, eines offenen Ohres. Der echte Diener erahnt seinen Einsatz.

»... ihm ohne Furcht dienen in Heiligkeit und Gerechtigkeit ...« (Lk 1, 75).

Nicht Angst soll das Motiv des Dienens sein; außerdem soll es in der rechten Weise geschehen, in der lauteren Absicht.

»Sie verließ den Tempel nie und diente Gott mit Fasten und Beten bei Tag und Nacht« (Lk 2, 37).

Ein besonderer Dienst wird hier genannt: Fasten und Beten. Auch Jesus suchte Gott immer wieder in dieser Haltung.

»Zu ihr (= Verheißung Gottes) hoffen unsere 12 Stämme zu gelangen, Tag und Nacht Gott dienend« (Apg 26, 7).

Vom Dienst gibt es keinen Urlaub, keine zeitlich begrenzte Befreiung, auch wenn man durch menschliche Situationen noch so sehr eingeengt ist.

»Gott, dem ich in meinem Geiste durch die Verkündigung der frohen Botschaft von seinem Sohne diene ... (Röm 1, 9).

Der herausragende Dienst besteht in der Verkündigung der frohen Botschaft.

»... dienet vielmehr einer dem anderen durch die Liebe« (Gal 5, 13).

Der umfassende Begriff Liebe soll im Dienst sichtbar werden.

»Männer der Beschneidung sind wir, die wir im Geiste Gott dienen und uns in Christus Jesus rühmen und nicht auf das Fleisch vertrauen ...« (Phil 3, 3).

Obwohl manche Lehren menschlich bequemer und leichter wären, menschliche Fähigkeiten oft bewundernswert sind, wäre es verfehlt, dem nachzulaufen und nicht Gott zu dienen.

»Ihr (der Kirche) Diener bin ich ja geworden durch das Amt, das mir Gott für euch verliehen hat, das Wort Gottes vollständig zu verkünden« (Kol 1, 25).

Das Amt, die Berufung, die Wahl verpflichten zum verantwortungsvollen Dienst. Sie sind zwar ein besonderer Vorzug, aber nicht in der Art von Privilegien, sondern mehr zu engagiertem Christsein.

8. Die Spontanmethode

Die Möglichkeiten, die Bibel zu betrachten oder über deren Texte zu sprechen, sind sehr vielgestaltig. In den meisten Fällen bedarf es aber einer eingehenden Vorbereitung. Weil jedoch nicht immer Leute dazu bereit sind oder manchmal die Zeit fehlt, ist es hin und wieder angebracht, eine Art spontanes Bibelgespräch zu führen, dessen Verlauf vom lebendigen Mittun der Anwesenden abhängig ist. Hier wird also nur ein Gesprächsleiter benötigt, der die Diskussion in einem geordneten Rahmen ablaufen läßt und die Gedanken am Schluß in einem kurzen Resümee zusammenfaßt. Letztlich sollte am Ende des Gesprächs der Bibeltext für alle verständlicher sein und Leitlinien für die konkrete Lebensgestaltung erbringen. Zum Ablauf:

- Jemand liest einen Text aus der Bibel vor.
- Die Teilnehmer sagen spontan ihre Meinung zum Inhalt und zwar das, was ihnen im Zusammenhang damit gerade einfällt, etwa wie Jesus hier auftritt, wie verständlich bzw. unverständlich die Stelle ist.
- Die Meinungen in Stichworten mit Hilfe einer Tafel oder eines Tageslichtschreibers festhalten.
- Die Ansichten oder wenigstens einige davon näher erörtern.
- Zusammenfassung des Gesprächsergebnisses (= Meinung der Teilnehmer zu dieser Bibelstelle).

Beispiel: Das Gleichnis von den Arbeitern im Weinberg (Mt 20, 1—16).

Spontane Antworten könnten sein:

Das ist ungerecht — dann sind die Guten die Dummen — gibt es denn im ewigen Leben keinen Unterschied — Gott ist wirklich nur schwer zu verstehen — eigentlich ganz tröstlich, besonders wenn man an Mission oder an Fernstehende denkt — das heißt doch, man soll nicht vorschnell über jemand urteilen — die Bewertung unserer guten Werke muß man schon Gott überlassen.

Näher erörtern könnte man dann noch die Fragen:

Wo wird in der Pfarrei vorschnell be- oder verurteilt?

Was erwarten wir eigentlich vom ewigen Leben?

Ist Glaube nur auf Gewinn im Jenseits gerichtet oder ist er nicht auch jetzt schon eine große Hilfe und ein unverzichtbarer Wert?

Die Zusammenfassung des Gesprächs wird beitragen zur Sinnerfassung und zum Verständnis. Sie soll auch einen Appell zum Handeln enthalten.

Eine solche Art des Schriftgesprächs eignet sich sehr gut für Predigtgespräche, d. h. als Vorbereitung für ein Sonntagsevangelium. Der Pfarrer wird dabei sicherlich wertvolle Anregungen erhalten, wo die Verständnisschwierigkeiten bei seinen Gemeindemitgliedern liegen (der PGR ist meist ein Querschnitt der Meinungen!) und wo der Text in Gemeindesituationen konkret aktuell wird oder weiterhelfen kann.

9. *Das Rollengespräch*

In der Bibel gibt es sehr viele Stellen, die sich für ein Rollengespräch eignen; denn gerade Jesus war ständig unter Menschen, setzte sich mit ihnen auseinander, beantwortete Fragen oder stellte sie selbst, ließ sich auf Streitgespräche ein oder unterhielt sich zwanglos mit denen, welchen er begegnete. Auf diese Weise sind die Texte sehr lebendig und kommunikativ. Oft sind sie nach dem Prinzip des Für und Wider aufgebaut.

Aus dieser Art ergibt sich ganz zwangsläufig die Möglichkeit, einen Text in Rollen, also durch verschiedene Personen sprechen zu lassen.

Das kann wie folgt geschehen:

1. Man wählt eine Stelle im Neuen Testament, in der mehrere Personen zu Wort kommen und verteilt die Rollen auf verschiedene Pfarrgemeinderatsmitglieder. Der Text wird nun in der Art eines Gesprächs gelesen, wobei man den erzählenden Textteil unberücksichtigt lassen kann. Er muß in der Art des Lesens zum Ausdruck kommen. Nun liegt es an den »Spielern«, den Inhalt lebendig werden zu lassen. Sie haben so zu lesen, daß die Person, die sie darstellen, deutlich wird im Temperament, im Charakter oder im Ausdruck, daß man dahinter also den Pharisäer, den Zöllner, den Apostel oder andere erkennen kann.

Im Anschluß an das Lesen könnte jeder sagen, wie er sich in seiner Rolle fühlte, ob sie ihm angenehm war, ob er sich mit dieser Person identifizieren könnte und wenn nicht, aus welchen Gründen.

2. Eine weitere Möglichkeit des Rollengesprächs besteht darin, die Situation der Schrift in die heutige Zeit zu verlegen, also auch den Text zu ändern oder wenigstens den gleichen Text mit eigenen Worten zu gestalten und ihn auch zu erweitern. Jeder Teilnehmer ist bei dieser Art aufgerufen, mit seiner Erfahrung, seinem Wissen, seinen Argumenten den ihm zugedachten Textinhalt zu verteidigen, aber auch Abstriche zu machen, Verständnis und Einsicht zu zeigen.

Wenn etwa Petrus zu Jesus sagt: »Siehe, wir haben alles verlassen und sind dir nachgefolgt« (Mk 10, 28), könnte es im Rollengespräch heißen: »Schau doch, wir haben Frau und Kinder verlassen bzw. haben überhaupt nicht geheiratet, haben den Beruf aufgegeben, wir opfern Zeit und Geld für deine Sache, laufen von Haus zu Haus und nehmen Entbehrungen auf uns.«

Oder etwas freier:

»Wir haben uns in den PGR wählen lassen, obwohl wir schon bei vielen Vereinen aktiv tätig sind. Wir opfern viele Abende für Sitzungen, für Gespräche, für Aktionen. Dabei wäre es zu Hause viel angenehmer. Man hätte keinen Ärger, würde nicht dumm angeredet oder verspottet. Die Zeit könnte man sehr gut für die Weiterbildung im Beruf verwenden, was wiederum mehr Aufstiegschancen mit sich brächte. Lohnt sich das eigentlich alles?«

Diese Form einer Bibelbetrachtung kann das Evangelium ungemein lebendig machen und uns den Text nahebringen; denn niemand wird bestreiten, daß Christen auch heute oft so denken oder sprechen wie die Schriftgelehrten, wie der reiche Jüngling oder wie ein Großteil des jüdischen Volkes. Zu gerne möchte man manchmal Jesus widersprechen, ihn auf seine paradoxe oder idealistische Aussage hinweisen. Bei einem Rollengespräch ist dies möglich, und vielleicht wird durch einen guten »Jesus-Darsteller« manches klarer und einsichtiger.

Jedenfalls trägt diese Art dazu bei, den Bibeltext nicht als erbauliche Geschichte von damals zu betrachten, sondern es kann zur fast leidenschaftlichen Auseinandersetzung mit der heutigen Situation kommen auf der Grundlage einer biblischen Aussage.

10. *Ein Bibelquiz*

Ein Quiz wird meist in den Bereich Unterhaltung eingereiht, da man es mit Begriffen wie Spiel, Gewinn und Spannung in Verbindung bringt. Als Form eines Bibelgesprächs mutet es zunächst etwas seltsam an; dennoch können auch durch das Quiz die Ziele eines Bibelgesprächs erreicht werden. Der Vorteil dieser Form liegt besonders bei folgenden Punkten:

- Alle Anwesenden sind direkt beteiligt.
- Ein Quiz erzeugt Spannung, besonders in der Erwar-

tung der Auswertung und bereitet somit leichter den Boden für ein Gespräch.

- Die Leute werden intensiv über den Inhalt der Fragen zum Nachdenken angeregt, da sie eine richtige Antwort geben wollen.
- Das Quiz beinhaltet eine unbewußte Information und trägt auch zur Bewußtseinsbildung bei.

Erstellung des Quiz-Fragebogens:
Man wählt Begriffe, Daten, Personennamen, Aussagen Jesu usw. aus der Schrift und erfragt ihren Inhalt. Manchmal ist es günstig, verschiedene Antworten vorzugeben, aus denen die richtige angekreuzt werden muß. Viele Begriffe wird man jedoch mit einem Satz näher umschreiben müssen.

Auswertung der Fragen:
Die Bekanntgabe der richtigen Antworten kann durch einfaches Beantworten der Fragen geschehen oder man zitiert — vor allem bei vielschichtigeren Begriffen — Antworten aus den ausgefüllten Bögen. Wichtig ist vor allem, nicht nur die Fragen zu beantworten, sondern darüber ins Gespräch zu kommen. Besonders falsche Antworten können das Gespräch anregen, weil man fragen muß, wie man zu dieser Antwort kam, ob etwa dahinter eine falsche Vorstellung steht, ob sie aus einem Mißverständnis aufgrund einer Predigt zustandekam oder ob Bibelunkenntnis dahintersteckt.
Das Bibelquiz sollte letztlich neben der konkreten Information den Einstieg zu einem Gespräch über verschiedene Themen aus der Bibel eröffnen.

Beispiele von Fragen für ein Bibelquiz:
— Bei welchen Gelegenheiten betet Jesus?
— Bei welchen Gelegenheiten vergibt Jesus Sünden?
— Welche Voraussetzung stellt Jesus an ein Wunder?
— Was hält Jesus vom Gesetz der Juden?
— Welche Bedingung stellt Jesus an den reichen Jüngling?
— Welche Antwort gibt Jesus den Jüngern, als sie fürchteten, mit dem Boot unterzugehen?

- Jesus wurde gefragt: Wer ist der Nächste? Was ist seine Antwort?
- Mit welchen Gruppen gab sich Jesus besonders gerne ab?
- Wie steht Jesus zur Ehescheidung?
    zum Reichtum?
    zur Bescheidenheit? usw.
- Welche Werke der Barmherzigkeit werden in der Bibel genannt?
- Was zeichnet nach Paulus oder nach der Apostelgeschichte eine christliche Gemeinde besonders aus?
- Wie erklärt Jesus den Menschen das Reich Gottes?
- In welcher Reihenfolge will Jesus das Gesetz und den Menschen sehen? Bei welcher Gelegenheit wird das deutlich?
- Wen verheißt Jesus der Kirche als Beistand?

II. Der aktuelle und religiöse Text als Gesprächsgrundlage

Neben der Heiligen Schrift als Grundlage des geistlichen Gesprächs wird man manchmal auch andere, zeitnahe, aktuelle Texte verwenden müssen. Aussagen der Päpste, des Konzils, der Bischöfe oder der Synode sollen auch immer wieder in das Blickfeld des PGR rücken, weil darin eine konkrete Auslegung der christlichen Botschaft enthalten ist. Für den PGR wird es insbesondere darauf ankommen, diese für eine größere Ebene abgefaßten Gedanken für die Situation der Pfarrei lebendig zu machen.

In ähnlicher Weise kann man zu Beginn einer PGR-Sitzung unter dem Tagesordnungspunkt »Geistliches Gespräch« einen Absatz aus einem religiösen Buch, einer Zeitschrift oder einen Zeitungsartikel zu einem kirchlichen Thema behandeln. Desgleichen gäbe es die Möglichkeit, in Art einer Meditation über bestimmte Worte, Zeichen oder Bilder, die im Leben des Christen eine Rolle spielen, nachzudenken und zu sprechen.

Die folgenden Beispiele sollen als Anregung dienen und zu einer solchen Art geistlichen Gesprächs ermutigen.

1. Konzilstext

»Das Erlösungswerk Christi zielt an sich auf das Heil der Menschen, es umfaßt aber auch den Aufbau der gesamten zeitlichen Ordnung. Darum besteht die Sendung der Kirche nicht nur darin, die Botschaft und Gnade Christi den Menschen nahezubringen, sondern auch darin, die zeitliche Ordnung mit dem Geist des Evangeliums zu durchdringen und zu vervollkommnen. Die Laien, die diese Sendung der Kirche vollziehen, üben also ihr Apostolat in der Kirche wie in der Welt, in der geistlichen wie in der weltlichen Ordnung aus. In beiden Ordnungen muß sich der Laie, der zugleich Christ und Bürger dieser Welt ist, unablässig von dem einen christlichen Gewissen leiten lassen.« (Aus: »Dekret über das Apostolat der Laien« Nr. 5)

Das II. Vatikanische Konzil hat in den einzelnen Dekreten großartige Aussagen gebracht. Sicher ist die Sprache manchmal schwer verständlich, mit Fachausdrücken angereichert, und der Inhalt ist oft sehr allgemein gehalten. Trotzdem sind die Texte reich an Anregungen, auch für die PGR-Arbeit. Man muß sich allerdings die Mühe machen, tiefer in sie einzudringen. In Form eines geistlichen Gesprächs wäre dies möglich.

Der oben zitierte Ausschnitt spricht von der Weltverantwortung der Kirche, insbesondere der Laien. Gerade auf diesem Gebiet könnte und müßte sich der PGR in Eigenständigkeit betätigen. Im Text heißt es: »Die zeitliche Ordnung mit dem Geist des Evangeliums zu durchdringen.« Man könnte nun untersuchen, was »zeitliche Ordnung« in der Pfarrei bedeutet:

— Verordnungen der politischen Gemeinde

— Betriebsleben

— Freizeitgestaltung

— gesellschaftliches Leben

— öffentliche Meinung

— Schule

— Güterverteilung

— Allgemeine Treffpunkte

— Festgestaltung

Die Verantwortlichen in der Pfarrei haben zu überlegen, in welcher Weise sich diese Ordnung am Evangelium orientiert, wie etwa jeweils der soziale Aspekt verwirklicht ist, wie der Mensch zu den Gesetzen eingeordnet ist (zuerst das Gesetz und dann der Mensch oder umgekehrt?), an welches Menschenbild und Wertsystem sich diese Ordnung anlehnt.

Wo nun der Geist des Evangeliums offensichtlich verletzt oder außer acht gelassen wurde, sind die Christen ganz klar aufgerufen, Änderungen herbeizuführen und tatkräftig und beispielhaft bessere Wege aufzuzeigen.

2. Synodentext

»Zu den Kernaussagen des Zweiten Vatikanischen Konzils gehört, daß die Kirche das Volk Gottes ist und als ganze die Sendung Jesu Christi in dieser Welt fortzusetzen berufen ist; alle Glieder der Kirche sollen »auf ihre Weise« und »für ihren Teil« den missionarischen Auftrag der Kirche zu verwirklichen suchen (vgl. dazu Dogmatische Konstitution über die Kirche, Art. 31). Diese Einsicht ist in das Bewußtsein und in die Praxis unserer Gemeinden noch nicht genügend eingedrungen. Die Synode ermutigt daher zu Initiativen, die den Gemeindemitgliedern zum Bewußtsein bringen, daß alle berufen sind, in Wort und Tat für die Botschaft Jesu Christi einzutreten.«

(Aus dem Beschluß der Gemeinsamen Synode der Bistümer in der Bundesrepublik Deutschland »Die Beteiligung der Laien an der Verkündigung« Nr. 2.11).

Die Aufgabe der Verkündigung und der Glaubensvermittlung wird zu leicht allein dem Priester zugeordnet. Kirche wird personifiziert mit Papst, Bischöfen und Pfarrern, und sie wird weniger als die Gemeinschaft der Gläubigen oder biblisch ausgedrückt als Volk, das unter dem Namen Gottes steht, empfunden. Von daher rührt auch sehr oft bei Christen das Gefühl, ständig Empfänger und nicht so sehr Geber zu sein.

Nun wird in diesem Synodentext wieder sehr deutlich gemacht, daß Christsein bedeutet, einen Verkündigungsauftrag in Wort und Tat zu verwirklichen, jeder an seinem Platz, jeder nach seinen Fähigkeiten, jeder auf seine ihm eigene Art. Diese Aufforderung der Synode erwächst nicht aus einem Notbehelf aufgrund eines Priestermangels, sondern sie verdeutlicht vielmehr, daß Verkündigung und Mitarbeit ebenfalls eine typische und eigentliche Rolle des Laienchristen ist. Was dies konkret bedeutet, sagt Paulus in seinem ersten Korintherbrief, wo er die Gemeinde mit ihren Aufgaben beschreibt (1 Kor 12, 4—11. 28—31). Er spricht dort von Charismen, die den Christen geschenkt werden, »damit sie anderen nützen«. Dabei gibt es nun »Gaben von großer Leuchtkraft« und »einfachere, schlichtere, allgemeinere Gaben« (»Gaudium et spes« Nr. 12). Sie sind gegeben »zum Aufbau und zur Erneuerung der Gemeinde« (ebd. 12).

Vielleicht wurde aber bisher auch in den Pfarrgemeinden Verkündigung zu sehr in der Vermittlung des Wortes gesehen und leider weniger in beispielhafter Tat. Zu letzterem gehört sicher auch, daß jemand in einer Pfarrgemeinde etwa die Erfahrung machen kann, daß er nicht allein ist, daß er etwas wert ist, daß man sich aussprechen kann, daß es gerecht zugeht, daß einem Vertrauen entgegengebracht wird. Verkündigung des Christen würde somit heißen, eine Atmosphäre schaffen, in der man glauben und zum Glauben kommen kann.

Diese Art Verkündigung geschieht nicht in vielen Worten, sondern durch Haltung und Verhalten.

3. Hirtenworttext

»Wenn das Leben nur nach seinem privaten und sozialen Nutzen eingeschätzt wird, dann ist es allenfalls eine Frage der Zeit und des sogenannten ›Volksempfindens‹, welche Gruppen von Menschen von diesem Vernichtungsurteil betroffen werden: Die Geisteskranken, die von Natur oder durch einen Unfall Verkrüppelten oder auch die alt gewordenen Menschen, die in einer nur nach Leistung rechnenden Gesellschaft nichts mehr wert zu sein scheinen.

Krankheit und Sterben werden zusehends aus dem Bewußtsein des modernen Menschen verdrängt. Aber sie gehören zum menschlichen Leben und müssen bewältigt werden. Nicht Hilfe zum Sterben, sondern Hilfe im Sterben sind wir dem Kranken schuldig. Euthanasie ist unmenschlich. Was wir brauchen, sind Ehrfurcht und Achtung vor dem Leben und Hilfsbereitschaft für alle Lebenden.«

(Aus dem Hirtenwort der deutschen Bischöfe »Das Lebensrecht des Menschen und die Euthanasie« Juni 1975).

Dieser Ausschnitt aus dem Hirtenwort der deutschen Bischöfe könnte im PGR zunächst die Reaktion auslösen, daß es ein Problem der Politiker und der offiziellen Kirche ist, aber nicht so sehr ein Gesprächsthema für den PGR; dennoch sollte sich der PGR immer wieder mit dem Inhalt von Hirtenbriefen auseinandersetzen, besonders wenn es sich wie hier um Grundsatzfragen menschlicher Werte handelt. Den Umsetzungsprozeß solcher Gedanken auf die Pfarrebene kann nicht der Bischof, sondern nur das verantwortliche Pfarrgemeindegremium bewerkstelligen.

Bei diesem Hirtenbrief ist allgemein an das Problem der Euthanasie gedacht. Im Detail wird man aber feststellen, daß es um den Wert des Lebens überhaupt geht. Es geht also um die Fragen: Was ist Leben? Was ist es wert? Gibt es unterschiedliche Wertkategorien von Leben? Wem steht eine Beurteilung über Leben zu? Welchen Stellenwert räumt man den einzelnen Lebensformen und -arten ein?

Darüber kann man auch im PGR ein tieferes, wertvolles Gespräch führen, indem man sich von folgenden Fragen leiten läßt:

— Werden in unserer Pfarrgemeinde Unterschiede in bezug auf »Leben« gemacht (Kinder, alte Menschen, Kranke, Behinderte; Menschen mit Hochschulbildung oder mit Volksschulbildung; Arbeitgeber — Arbeitnehmer; Eingesessene — Neuzugezogene)?
— Richtet sich der Wert der Menschen bei uns etwa nach Leistung, Ansehen, Bildung?
— Was versteht man unter »Leben«?
— Welche Redensarten kursieren in der Pfarrgemeinde über das Thema Abtreibung oder Euthanasie? Ist hier eine Bewußtseinsänderung notwendig?

4. Wortbetrachtung

Nachdenken, Besinnung über die Bedeutung von »Brot«.
Mögliche Methode: Ein echtes Brot oder ein Bild von einem Laib Brot steht vor uns, dient als Anschauungsmaterial. Jeder denkt kurz nach, was für ihn das bedeutet. Dann liest einer langsam mit einigen Pausen folgenden Text vor:
Wenn man das Wort Brot ausspricht, wenn man Brot kauft oder ißt, geschieht das, ohne daß man sich viele Gedanken macht. Es ist selbstverständlich, es ist alltäglich, es ist nichts besonderes.
Und dennoch steckt im Wort Brot eine Fülle von Gedanken und Bedenkenswertem, es kann uns als Christen eine Menge Anregungen geben und sehr nachdenklich machen.
Brot ist Grundnahrung, es erhält einen, es verleiht Kraft. Wir essen es tagtäglich zu den verschiedensten Mahlzeiten in den verschiedensten Arten. Man ißt nicht jedes Brot, man wählt aus. Trockenes Brot ist zur Seltenheit geworden. Brot ist für viele ein Konsumartikel unter vielen geworden, es gehört dazu, wir leiden daran keine Not.

Früher und sicherlich auch heute manchmal noch segnete der Vater das Brot in der Familie: Zeichen der Ehrfurcht und Wissen um die Bedeutung des Brotes.

Brot ist aber auch heute noch Symbol für Lebensnotwendiges, für das existenzielle Minimum: Motto »Brot für die Welt«; den Gefängnisinsassen gab man wenigstens »Wasser und Brot«.

»Kein Brot haben« heißt vor Hunger sterben. Das Wort Brot erinnert also nicht nur an einen vollen, satten Magen, sondern auch an Hunger. Hunger ist ein Stichwort, das aufrütteln muß, das uns erinnert an Dürrekatastrophen, Fehlen von Saatgut, mittelalterlichen Bebauungs- und Erntemethoden, aber auch an skelettartige Körper, eingefallene Wangen, hervorquellende Augen, vor Schwäche schwankende und torkelnde Menschen.

In einem Büchlein kann man lesen:

»Wenn heute ein Flugzeug abstürzt und hundert Menschen sterben, so ist das eine Nachricht, die um die Welt geht und überall Mitleid und Entsetzen hervorruft. Der jährliche Hungertod von 25 Millionen aber macht keine Schlagzeilen. Er vollzieht sich unter Ausschluß der Öffentlichkeit, fast wie ein Gerichtsverfahren, in dem etwas Unanständiges behandelt wird.«

(Aus: »Bibel provokativ« Stuttgart 1969 S. 30)

Und bei uns: Wurstbrote landen im Mülleimer, Brot verschimmelt, wird hart, ungenießbar.

Frage:

- Bedeutet Brot uns noch etwas besonderes oder leben wir hierin so im Überfluß, daß wir es wegwerfen, nicht hochschätzen, nur so nebenbei mitnehmen?

- Überlegen wir hin und wieder, daß es nicht für alle Menschen das natürlichste ist, Brot im Überfluß zu besitzen?

Brot hat aber nicht nur irdischen Sinn, es kann uns in Gedanken weiterführen. Für Christus bedeutet Brot nicht nur irdische Nahrung, irdisches Leben, sondern vor allem ewiges Leben. Somit führt uns das Wort »Brot« hinein in das tiefste Geheimnis unseres Glaubens und des Christentums. Brot wird zum Leib Christi.

In der Heiligen Schrift finden wir einige Aussagen über das Brot, wobei stets die Verbindung von der leiblichen Nahrung zur geistigen und seelischen Nahrung hergestellt wird:

»Der Mensch lebt nicht vom Brot allein, sondern von jedem Wort, das aus dem Munde Gottes kommt« (Mt 4, 4).

»Das Brot, das ich euch geben werde, ist mein Fleisch für das Leben der Welt« (Joh 6, 51).

»Und er nahm das Brot, brach es und reichte es seinen Jüngern mit den Worten: Nehmt und esset, das ist mein Leib« (Mk 14, 22).

Christus lehrte uns zu seinem Vater beten: »Unser tägliches Brot gib uns heute« (Lk 11, 3).

Christus sättigte in der wunderbaren Brotvermehrung eine große Menge von Menschen und wies darauf hin:
»Ich bin das Brot des Lebens. Eure Väter haben das Manna in der Wüste gegessen und sind gestorben. Von solcher Art ist das Brot, das vom Himmel gekommen ist, daß jeder, der davon ißt, nicht stirbt. Ich bin das lebendige Brot, das vom Himmel herabgekommen ist. Wenn jemand von diesem Brote ißt, wird er ewig leben« (Joh 6, 48—51).
Somit ist das Brot des Bäckers eine notwendige Nahrung, die uns körperlich am Leben erhält, wichtiger aber ist das Brot der Eucharistiefeier, das uns ewiges Leben schenkt. Machen wir aber nicht zu wenig davon Gebrauch? Kümmern wir uns nicht zu selten um die Nahrung für das überirdische Leben?
Andererseits, denken wir beim Empfang auch daran, daß Millionen von Menschen das irdische Brot fehlt und müssen wir uns nicht fragen: Können wir überhaupt denen sagen,

was Brot des Lebens bedeutet, wenn sie keinen Begriff von »Brot« haben? Was heißt das also für uns?

Brot bedeutet Nahrung, Brot bedeutet Leben auf zweifache Weise. Es sollte uns in dieser oder jener Art wieder mehr bedeuten!

III. Das Gebet im PGR — Praktische Beispiele

Der Mensch von heute ist sehr stolz auf seine Leistungen, auf den hochentwickelten Stand der Technik, der Wissenschaft. Doch jede Naturkatastrophe, jeder Schicksalsschlag, jede persönliche Enttäuschung zeigt die Anfälligkeit der menschlichen Leistungskraft. Die Frage nach dem »Warum« so mancher Ereignisse stellt sich immer wieder. Auch im PGR wird es sich immer wieder zeigen, daß viele gutgemeinte Aktionen, bestens vorbereitete Angebote ins Leere stoßen, daß menschliche Anstrengungen — besonders im Hinblick auf Glaubensziele — nichts erzwingen können. Der Mensch, das wird deutlich, vermag allein nichts. Wir Christen wissen, daß es notwendig ist, sich auf Gott einzulassen, auf sein Geschenk, auf seine Gnade. In ihm — und das richtig verstanden — liegt der Schlüssel zum Erfolg! Dieses Geschenk, das uns Gott durch Jesus Christus vermittelt hat, ist nun nicht selbstverständlich da, sondern muß erbeten werden wie es etwa beim Evangelisten Lukas 11, 5—13 geschildert wird.

Damit wird deutlich, daß das Gebet seinen Sitz auch im PGR haben muß.

Die Form und Art des Gebetes ist unwichtig — ob aus Büchern, Meditationsheften, Gebetsvorlagen —, wesentlich ist das Bewußtsein und die Absicht, in der man von Gott etwas erbittet. Es kommt also sicherlich nicht auf die exakte Formulierung an, auf schöne Worte oder auf eine geschliffene Sprache. Das Gebet soll vielmehr verständlich, eingängig, auffordernd, anstachelnd und glaubenstief sein. Dabei wird man sich selbstverständlich vor Banalitäten hüten; diese Art kommt sowieso meist aus Oberflächlichkeit und Unverständigkeit, aus einem Denken, das Gott zum Handlanger des Menschen macht, Jesus zum Allheilmittel und die Heiligen zu Ausführungsgehilfen. Hier wird vergessen, daß hinter Gott nicht unsere Gedanken und Wege stecken, daß Gott eben nicht in ein menschliches Denkschema zu pressen ist. Hier will man das Wagnis, welches das Gebet beinhaltet, zur unbedingten Gewißheit und Sicherheit machen.

Das Gebet soll und muß ausdrücken: Auf Dich wollen wir uns einlassen, Dein Wille ist auch der unsere.

1. Um den rechten Geist

Herr Jesus Christus, wir haben uns versammelt als Vertreter unserer Pfarrei. Sie ist das Ziel, ihr gilt unser Dienst und unser Bemühen. Jedoch ist menschliches Denken und Tun allein zu schwach. Sei Du deshalb in unserer Mitte und schenke uns Vertrauen, Mut und Ausdauer, besonders dann, wenn Pläne, Aktionen und Angebote für die Menschen unserer Pfarrei nicht von Erfolg gekrönt sind.

Nicht unser, sondern Dein Wille geschehe!

Wir wollen unsere Kräfte und Fähigkeiten, die jeder von uns auf den verschiedensten Gebieten besitzt, für das Wohl und das Heil dieser Gemeinde einsetzen.

Wir glauben an die Kraft Deines Geistes, der in dieser Welt wirkt. Laß uns das Richtige und Notwendige erkennen, um bei verschiedenen Meinungen, Ideen und Möglichkeiten die rechte Wahl treffen zu können.

Deinem Auftrag, Deinen Forderungen, Deinem Beispiel wollen wir folgen. Unser Ziel ist nicht Macht, Einfluß oder persönlicher Nutzen, sondern das Mitbauen an Deinem Reich, der Einsatz für die Menschen, das Streben nach Einheit und Frieden, nach Hoffnung und Liebe als Dein Zeichen in unserer Gemeinde.

2. Für die Gemeinde

Gott Vater im Himmel!
Du willst, daß Dein Reich komme und Dein Wille geschehe im Himmel und auf Erden bei uns.
Wir haben in der Pfarrgemeinde ein Amt übernommen, um Deinen Willen erfüllen zu helfen.
Wir bitten Dich im Namen Jesu Christi, des Herrn unserer Gemeinde:
Gib allen Menschen unserer Pfarrgemeinde lebendigen Glauben, gute Hoffnung und tätige Liebe.
Wir bitten Dich für alle Stände unserer Gemeinde:
Die Kinder laß gesund und froh heranwachsen, die Jugend führe zu einer guten Berufs- und Partnerwahl und gib ihr Glauben, der ihr Denken und Tun durchdringt.
Den Ehegatten, den Vätern und Müttern gib Freude aneinander und an ihren Familien.
Halte ihre Liebe wach in all den Jahren des Glückes und des schweren Schicksals, hilf ihnen bei der Erziehung ihrer Kinder, sei Du in ihrer Familie mit Deinem Geist der Liebe, der Verantwortung und der Versöhnung.
Die Einsamen, die Alten und Kranken nimm besonders in Deine helfende Sorge.
Gib ihnen die Kraft weiterzuleben, wenn es hart und schwer wird.
Führe ihnen Menschen zu, die sie trösten und ihnen helfen.
Für uns selber bitten wir:
Laß uns spüren, wo die Gemeinschaft unsere Hilfe braucht; gib uns die verantwortliche Sorge für die Kirche in unserer Pfarrgemeinde und segne unser Bemühen und unseren Dienst durch Christus, unsern Herrn.

3. Dankgebet

Herr, in unserer Pfarrgemeinde gibt es viele Aufgaben. Wir danken Dir für diese Menschen, die in Deinem Namen kleine und große, unauffällige und sichtbare Dienste in der Pfarrei leisten und so mitarbeiten am Aufbau Deines Reiches.
Wir danken
für die Familien, die beten;
für die Kranken, die ihr Leid für andere aufopfern;
für die Christen, die durch Versöhnung und Verständnis helfen;
für diejenigen, die sich Zeit für andere nehmen, die Kranke besuchen, die Not lindern, die immer wieder ein gutes Wort finden, die unsere Pfarrgemeinde christlicher und menschlicher machen.
Wir danken Dir, Herr, für die vielen kleinen guten Beispiele, Worte und Hilfen, die ganz selbstverständlich in unserer Pfarrei tagtäglich zu erfahren sind. Hilf, daß dieser Kreis apostolischen Wirkens sich immer mehr unter uns ausbreite.

4. Um Einsicht

Herr, wenn wir heute zusammen kommen, haben wir viele Fragen zu erörtern. Jeder möchte ehrlichen Willens zur Lösung beitragen, jeder hat seine Pläne, Vorstellungen und Hoffnungen. Aber auch wir sind erfaßt vom Geist der Zeit, von der Unruhe in der Kirche und der Welt.
Wir sehen, wie die Zahl der Gottesdienstbesucher abnimmt, wie die Kinder und Jugendlichen immer schwerer zu echtem Glauben finden, wie gleichgültig Erwachsene der Kirche gegenüberstehen, wie wenig Christen zu einem Dienst bereit sind, wie religiöses Leben in der Familie schwindet, wie Kontakte und Kommunikation in der Pfarrgemeinde immer schwieriger werden.
Bei diesen Überlegungen fehlt manchmal die Kraft, Unge-

duld und Resignation mit Entschiedenheit abzuwehren. Du kennst diese unsere menschlichen Schwächen. Gib uns deshalb eine tiefere Einsicht in die Aufgaben, die wir als Kirche mitten in dieser Welt erfüllen sollen.

Laß unsere Beratungen in Brüderlichkeit geschehen, in verantwortungsvollem Reden und in verständigem Hören, damit Dir Ehre und Lob zuteil werde in unserer Gemeinde.

5. Um Mut und Kraft

Herr Jesus Christus, Du hast Deine Jünger immer wieder eingeführt in das Gebet, Du hast gezeigt, daß nicht das Lippenbekenntnis, sondern die Sprache des Herzens beim Beten im Vordergrund stehen soll.

So gesehen ist manchmal unser Gebet leer, ohne Engagement, eine reine Pflichterfüllung.

Oft scheuen wir davor zurück, aus uns herauszugehen, Dir uns ganz anzuvertrauen, Dir zu sagen, wie es um uns steht, wo wir unsere Sorgen und Probleme haben. Wir kleiden unsere Anliegen in so schöne Worte, daß wir sie selbst nicht mehr verstehen. Unsere Bitten sind darauf ausgerichtet, daß es uns gut geht und wir ohne Schwierigkeiten durch das Leben kommen.

Wir sind darauf bedacht, die Antwort zu bekommen, die uns gefällt und zusagt und scheuen uns, nach Deinem Willen zu fragen. Die Angst, mehr zu tun, sich ändern zu müssen, Deine Botschaft hör- und spürbarer zu verbreiten und womöglich Nachteile und Unbequemlichkeiten auf sich nehmen zu müssen, hält uns ab, daß wir uns ganz auf Dich einlassen ohne Wenn und Aber, ohne Entschuldigung und Ausreden.

Im Glauben an Deine Macht und Deinen Geist bitten wir deshalb: Schenke uns die Kraft und den Mut zu einem echten, tiefen und offenen Gebet, damit wir Dich und das, was Du mit uns vorhast, immer besser erkennen.

6. *Lob und Dank unserem Gott*

Ich will Gott preisen Tag für Tag.
Ich will singen, was er für mich getan hat.

Ich freue mich,
daß Gott sich um mich armen Menschen kümmert.
Ich will, daß die Verlassenen es hören
und sich mit mir freuen.

Ich suche nach Gott,
ich redete zu ihm und suchte Antwort,
da hörte er mich
und befreite mich von meiner Angst.

Wer sich an Gott wendet,
der wird Gottes Glanz spiegeln.
Sein Gesicht wird hell sein vor Freude.

Mit Händen könnt ihr greifen, wie gütig der Herr ist.
Glücklich, wer den Weg zu seinem Herzen findet.
Glücklich, wer sich zu ihm flüchtet!

Er hilft denen,
die unter ihrer Schuld zerbrechen,
und nimmt ihre Schuld von ihrem Herzen.

Es mag vielerlei Leiden geben für die,
die sich um Gottes Willen mühen,
aber keine Not, in der sie allein sind.
Der Herr gibt den Seinen Freiheit.
Wer sich ihm anvertraut,
dem gibt er aus aller Schuld einen befreiten Anfang.

(Nach Psalm 34)

7. Um den Heiligen Geist

Herr Jesus!
Sieh, wir sind zum Aufbruch bereit
und gewillt, Dein Evangelium zu verkünden und zu bezeugen
in einer Welt,
in der zu leben der verborgene, aber liebende Plan
Deiner Vorsehung uns bestimmt hat.

Herr, bitte den Vater, daß er uns durch Dich seinen
Heiligen Geist sende,
den Geist der Wahrheit und der Tapferkeit, den Geist allen
Trostes,
der unser Zeugnis klar, gut und wirksam macht.

Herr, wir bitten Dich, bleibe immer bei uns,
damit Du uns alle eins in Dir machst und fähig,
mit Deiner Kraft der Welt Deinen Frieden und Dein Heil
weiterzugeben!

(Papst Paul VI.; am Beginn der Römischen Bischofssynode 1974)